引汉济渭文化书系

梅子熟了

徐中强 著
XU ZHONGQIANG

陕西新华出版
陕西旅游出版社

图书在版编目（CIP）数据

梅子熟了 / 徐中强著. — 西安 ：陕西旅游出版社，2019.12（2024.1重印）
ISBN 978-7-5418-3864-4

Ⅰ. ①梅… Ⅱ. ①徐… Ⅲ. ①地方旅游业－旅游文化－研究－宁陕县 Ⅳ. ①F592.741.4

中国版本图书馆 CIP 数据核字(2019)第 275004 号

梅子熟了　　徐中强 著

责任编辑：邓云贤
出版发行：陕西新华出版传媒集团　陕西旅游出版社
（西安市曲江新区登高路 1388 号　邮编：710061）
电　　话：029-85252285
经　　销：全国新华书店
印　　刷：盛大（天津）印刷有限公司
开　　本：787mm×1092mm　1/16
印　　张：20
字　　数：220 千字
版　　次：2019 年 12 月　第 1 版
印　　次：2024 年 1 月　第 2 次印刷
书　　号：ISBN 978-7-5418-3864-4
定　　价：88.00 元

序言

北宋周敦颐《爱莲说》中有这样的句子:“水陆草木之花,可爱者甚蕃。晋陶渊明独爱菊。自李唐来,世人甚爱牡丹。予独爱莲之出淤泥而不染。”对于我来说:菊,我所爱也;牡丹,我所爱也;莲,我所爱也;梅花,亦我所爱也。

梅开百花之先,独天下而春,因此梅花素来就有“报春花”之称;又有人称赞它是“物外佳人,群芳领袖”。我所看重的却是梅花高洁、谦逊、坚强的品格,还有它的精神激励作用。

世间喜爱梅花的人应有很多,但赏梅之处却并不多,于是我们在秦岭南麓开辟了“子午梅苑”,栽植80余个品种、近万株梅树,为这世界再添些花香,为那青山绿水再添些锦绣。赏花的人在梅苑,一株一株梅虽是花木却有大文化,即梅文化。为便于更多人了解梅文化,我们又编写了这本《梅子熟了》。

这本书由青年作家徐中强撰写,他用清雅又别具佳趣的文笔阐述了中国梅文化的形成与发展,谈了中国人对梅的审美观,分享了中国历史上一些文化名人与梅花的逸闻趣事,赏析了许多咏梅诗词以及“子午梅苑”落成背后的故事。或许可以这样说,这本书通过对梅的品格与精神的展示，可使读者深入了解中国梅文化的高趣以及梅具有的独特魅力，并从中汲取精神养分，做一个灵魂有香气的人，从而乐观、坚毅、有风骨地去生活。还有，这些内容也从一个侧面提示人们应更加关爱自然。

引汉济渭公司做的是水利工程，但又不仅仅是做水利工程，我们的主旨是“建一处工程，多一处景观”。这些景观，基于对水源地保护、工程建筑物保护、生态修复的同时，做一点文化和旅游开发，从而带动地方经济发展。“子午梅苑”是引汉济渭工程在绿色环保路上的印记之一，这本书也是。

此时，梅花要开了，梅花开时天下春。又是一个四时轮转，春发、夏长、秋收、冬藏，人们在这轮转里与自然、四季、时令和谐共处，生生不息。

我一直都觉得，人世间的美在春光里总能得到最好的绽放。而我们都是耕耘春天的人，我们每个人也都是世界的一个春天。

杜小洲，陕西省引汉济渭工程建设有限公司党委书记、董事长

目录

第一章

中国人为何偏爱梅花

第二章

梅花是我，我是梅花

第三章

千红万紫，梅花为魁

第四章

一生心事问梅花

第五章

梅苑赏梅去

*****

第一章

中国人为何偏爱梅花

一树清香传承数千年

印象梅花

明人著作《帝京景物略》里记载："日冬至，画素梅一枝，为瓣八十有一。日染一瓣。瓣尽而九九出，则春深矣。曰'九九消寒图'。"这说的是古时人们冬日数九、画九的风俗。

我年少时，有一年冬至，我的美术老师也画了一幅消寒图：梅树一株，分九枝，每枝九朵梅花。老师嘱咐，取红色颜料用毛笔每日涂染一朵，待九九八十一朵染完，一幅《红梅图》跃然纸上。九尽春回，窗外草色青青。

我那美术老师，是个正直清高的人，除却教书之外，不问闲事，只醉心于宣纸水墨。大抵他是极爱梅花的，他家中墙上挂了多幅梅花图，有别人画的，也有他自己创作的。我尤其喜欢其中一幅，上有题诗："山家除夕无他事，插了梅花便过年。"画上雪覆梅树，树皮皴裂，粗干虬枝，梅枝上繁花盛开，姿态清雅。

我成年后去过一些地方，见了许多不同名目的花。不同的花有不同的韵味，印象深刻的不过二三，梅花为其一。思及梅花，又总绕不过诗人张枣的一句诗："只要想起一生中后悔的事，梅花便落满了南山。”简简单单一句话，足够使人意绪难平。

少年郎看花，看的是花色好。成年人看花，花是花，花又非花，是非之间，心中无数山。

人们赏梅、咏梅，所赏所咏的又岂是梅？赏咏的更是梅花所蕴含的人格品质。

百花丛中，梅花品格不可谓不高。

梅、兰、竹、菊，人称“花中四君子”。何为君子？孔子认为，君子以行仁行义为己任，君子亦尚勇，但尚勇的前提是仁义。孔子还说，君子有九思：视思明，听思聪，色思温，貌思恭，言思忠，事思敬，疑思问，忿思难，见得思义。

松、竹、梅，并称“岁寒三友”。松、竹经冬不凋，梅迎寒独开，三者傲骨铮铮，挺霜斗雪，同道同义是为友。做人又何尝不应如此呢？不媚俗、不唯上、不趋时，挺拔如松，守节如竹，傲然如梅。

千百年来，梅花一直都是雅士贤达、文人墨客的最爱，关于梅花的诗词、画作也是帙卷浩繁，足以让其他花卉望尘莫及。

梅花在中国传统文化中，早已不仅仅是一种花卉，它已成为一定社会背景下人们精神追求的目标。梅花独先天下春，花中气节最高坚。人们以梅为对象，进行培育、欣赏、研究等活动，由此创造了诸多物质与精神财富，构成一种独特的文化——梅文化。

梅的栽培史

梅花是中国传统名花，中国是梅的原产地，这已被充分的事实所证实。

据河南新郑裴李岗遗址可知，梅是中国历史最久的果树。另据史料记载，在中国，梅的栽培时间也有3000多年。

中国有关梅的最早文字记载，可追溯至古代记录历史的文献《尚书》，其中《说命》篇云："若作酒醴，尔惟曲蘖；若作和羹，尔惟盐梅。"这是说，有一天，商高宗这样称赞他的宰相傅说："我要酿酒你就是酒曲，我要做肉羹，你就是调味的盐和梅子。"这说明商周时期梅在中国就已广泛种植，但那时不是为了观赏，而是为了食用。以梅入味的烹调习惯，至今仍在云南下关、大理一带的白族、纳西族人的生活中延续，他们烧鸡、炖肉时会放些野生的青梅，据说这样能使肉更烂、味更香。

此后，随着社会的发展，关于梅的记载越来越多。

如西周初期杰出的政治家、军事家、思想家周公旦在其著作《周礼》中有这样的句子："馈食之笾，其实干橑。"据考证，"干橑"就是食用梅子的古称。

再如中国最早的诗歌总集《诗经》，其中有关梅的记述很多。《诗经·小雅·四月》云："山有嘉卉，侯栗侯梅。"那时人们称梅为"嘉卉"，清楚地反映出人们对梅花的欣赏态度。在《诗经·国风·召南》中，有一首《摽有梅》，记述了一个少女以梅兴比，委婉又大胆地追求爱情，诗云："摽有梅，其实七兮。求我庶士，迨其吉兮。摽有梅，其实三兮。求我庶士，迨其今兮。摽有梅，顷筐塈之。求我庶士，迨其谓之。"大意是说："梅子落地纷纷，树上还留七成，想要求娶我的儿郎，请不要耽误良辰。梅子落地纷纷，枝头只剩三成，想要求娶我的儿郎，到今儿切莫再等。梅子纷纷落地，收拾要用簸箕，想要求娶我的儿郎，快开口莫再迟疑。"从《摽有梅》可以推测，在当时的陕西召南地区，植梅已相当普遍；有可能此时已进入了引种野梅的阶段。

梅树在最初的引种栽培过程中，是以食用梅果为目的。随着社会的发展，梅树经过长期的自然选择和人工培育，才逐步发展到观赏和食用兼备的引种栽培。

根据著名园林学家、园艺教育家，享有“梅花院士”美誉的陈俊愉先生的研究，中国梅树的栽培历史，可粗分为两大阶段：西汉以前，以果梅引种栽培为主；之后，为花梅栽培阶段。

花梅栽培阶段，又可细分为初盛、渐盛、兴盛、昌盛、发展五个时期。

花梅栽培的初盛时期约在西汉初。

远古时代，人们种植梅树的目的，是以其果实作为食品或祭祀之用。因梅花是在冰中孕蕾、雪里绽花，隆冬之季唯有它“独先天下春”，玉白朱红，暗香浮动，于是人们在驯化栽培梅树或取梅果的过程中，逐渐对梅的神姿、色态产生了兴趣，有心人便着意繁殖栽培，从而又培育出许多观赏价值极高的梅的新品种，这便完成了从“果梅”到“花梅”的过渡。

西汉经学家刘歆《西京杂记》记载：“汉初修上林苑，远方各献名果异树，有朱梅、胭脂梅。”又说，“汉上林苑有侯梅、同心梅、紫蒂梅、丽友梅。”尽管这些记载中没有梅新品种的特征描述，但从字面看，当时已有红色的梅花，其中可能还有重瓣品种的出现。

和刘歆同一时期的著名辞赋家、思想家扬雄，其作品《蜀都赋》中也有“被以樱、梅，树以木兰”的记述，可见在当时，梅树已是成都地区城镇或庭园的绿化树。

由此可见，花梅栽培在西汉时期已初盛。

晋代及南北朝时期，梅花的栽培较为普遍，咏赞梅花的诗赋也多了起来。如南北朝时期的陆凯，在早春梅花初开之时，折梅托驿使赠送远在陇山的好友范晔，并寄诗："折花逢驿使，寄与陇头人。江南无所有，聊赠一枝春。"或许可以这样说，自陆凯始，梅花与梅果一样，可作为馈赠佳品，与人们的生活产生了更为密切的联系。

南朝梁著名诗人何逊《咏早梅》一诗名动千古。

宋朝著名类书《太平御览》还记载："宋武帝女寿阳公主人日卧于含章殿檐下，梅花落公主额上，成五出花，拂之不去，皇后留之，看得几时；经三日，洗之乃落。宫女奇其异，竟效之，今梅花妆是也。"

凡此种种，正如南宋著名诗人杨万里在《和梅诗序》中所云："梅于是时始以花闻天下。"

隋唐和五代时，梅花栽培渐盛，品种也有所增多。文人雅士对梅花也给予了更多的关注，咏梅诗赋大量涌现。

如先后历仕武后、唐中宗、唐睿宗、唐殇帝、唐玄宗五朝的名相宋璟，就有《梅花赋》传世。赋中有云："曷若兹卉，岁寒特妍，冰凝霜沍，擅美专权？相彼百花，孰敢争先！莺语方蛰，蜂房未喧，独步早春，自全其天。"又赞颂说，"贵不移于本性，方有俪于君子之节"。

"人之慕名，如水趋下，上有所好，下必甚焉。"居于"一人之下，万人之上"的宰相如此宣扬梅花精神，这对提高梅花的知名度、扩大梅花栽培规模，起了相当大的促进作用。

唐朝另一位有名的贤相张九龄也有首梅花赞诗《庭梅咏》，诗云：“芳意何能早，孤荣亦自危。更怜花蒂弱，不受岁寒移。朝雪那相妒，阴风已屡吹。馨香虽尚尔，飘荡复谁知。”

之后，咏梅、赞梅者更多了起来。比如杜甫有《江梅》诗，白居易作《新栽梅》，柳宗元写《早梅》诗，李白、韩愈、李商隐和杜牧等也都写有咏梅诗文。另据《华阳县志》记载，五代初王建据蜀称王，曾在成都辟梅苑。孟天祥在成都称王时，别苑中有老梅卧地称之为“梅龙”。由此足见，在唐朝及五代时，华东、华中和华南地区，梅花已广泛栽培。

宋元两代，我国艺梅发展进入兴盛时期。梅花新品种大量涌现，栽培技艺不断提高，梅诗、梅文、梅画、梅书纷纷脱颖而出。

就梅诗而言，隐居杭州孤山植梅放鹤的北宋隐逸诗人林逋，其《山园小梅》诗中的“疏影横斜水清浅，暗香浮动月黄昏”两句脍炙人口。另北宋苏轼、王安石、秦观等，南宋陆游、陈亮、范成大等，皆有很多梅花诗词流传于世。

宋朝关于梅花的著作至少有五部，如周师厚的《洛阳花木记》、范成大的《梅谱》、张功甫的《梅品》、宋伯仁的《梅花喜神谱》、仲仁的《华光梅谱》等，各有侧重。其中范成大的《梅谱》是中国第一部梅花专著，也是世界上第一部梅花专著。

元代著名画家、诗人王冕，爱梅、咏梅、种梅成癖。其《墨梅图》和《墨梅》诗，诗情画意交相辉映，使这幅画成为传世名作。

宋元时，除江梅、宫粉、朱砂品种外，还新增了玉蝶、跳枝、黄香以及杏梅等新品种。

明清两代，梅花栽培规模有所扩大，栽培技术也有所提高，

◎《南枝春早图》 元代　王冕

新品种更是层出不穷，梅花栽培达到昌盛。这一时期有关梅花的书文诗画也足以证明梅花栽培的昌盛。如明代王象晋《二如亭群芳谱》（以下简称《群芳谱》）记载的梅花品种达19个，并将其分为白梅、红梅、异品三大类，不仅对各品种有简单记载，而且介绍了繁殖栽培技艺。约在同时期，周文华著的《汝南圃史》、徐光启著的《农政全书》均记载了若干梅花品种。

清代梅花栽培事业更为昌盛，品种也进一步增多，写梅者愈多，形式亦有创新。比如陈淏子所著《花镜》记载了21个梅花品种，其中“台阁”梅和“照水”梅乃前所未有。

“康乾盛世”时期活跃在扬州的、备受瞩目的“扬州八怪”，一生志趣大都倾注于诗文书画，他们用诗画反映民间疾苦，发泄内心的积愤和苦闷，表达自己对美好理想的追求和向往。梅花是“扬州八怪”最喜欢画的题材之一，他们以梅的高傲、坚贞、幽香表达自己的志趣。据说“扬州八怪”之一的李方膺酷爱画梅，对梅花情深意切，他的好友、诗人袁枚在《随园诗话》中记述道：“晴江牧滁州，见醉翁亭古梅，伏地再拜。”其爱梅之心可见一斑。而“扬州八怪”之一的汪士慎在其左眼完全失明的情况下，依然画出了著名的《梅花纸帐》，据说，坐其中，可闻万树梅花的寒香。扬州因此兴起了一股以梅花帐为屏风的热潮，流传至今。在这些画家的心目中，梅花已非一般的花木，而成了令其神魂颠倒，可与之直接沟通情感的知音了。

明清两代时，苏州、南京、杭州和成都等地植梅成林，是较有名的赏梅胜地。而明清时期留存至今的古梅也极多，这也是当时栽培梅花的历史见证。

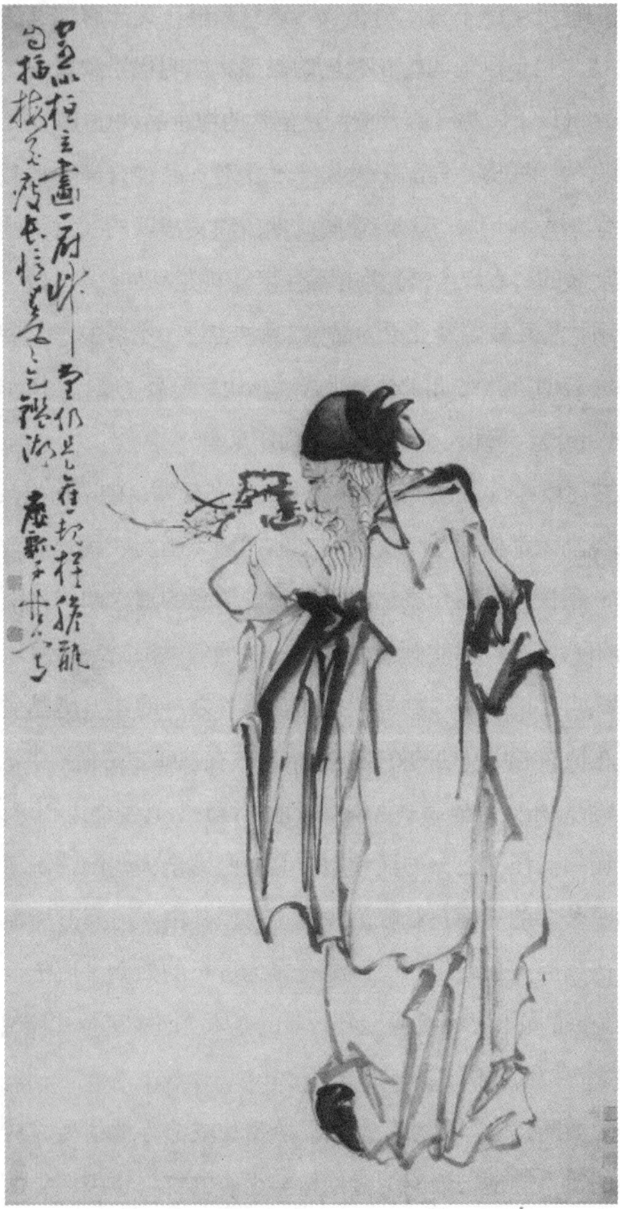

◎《捧梅图》 清代 黄慎

辛亥革命后，梅花栽培就进入了现代发展时期。梅花也由各地分散种植，转为集中入圃，品种间杂交和远缘杂交均见成效。有关梅花的专著屡屡问世，画梅者层出不穷，梅花学术研讨会也不时在各地举行。

随着现代植物学的发展，中国园艺科学工作者对梅花品种进行了系统研究。现代著名园艺学家、中国农业科学院柑桔研究所第一任所长曾勉在 1942 年发表专论梅花的学术论文，并记载梅花品种 15 个。之后，汪菊渊、陈俊愉于 1945 年拟定了中国梅花品种检索表。1947 年，陈俊愉的著作《巴山蜀水记梅花》出版，填补了我国现代梅花系统研究的空白；同年，上海举办了中国历史上第一次梅花展览会。

中华人民共和国成立后，梅花栽培及研究有了飞速发展。武汉、南京、无锡、杭州、成都和重庆等地的梅园，都栽种了大量梅花品种。传统梅园规模迅速扩大，一批新的梅园相继建成。梅花育种技术也在不断提高，远缘杂交结硕果，抗性育种亦有成效，这些新技术的成功，使梅花品种不断丰富。

今人说梅，必然绕不开“陈俊愉”这个名字。享有“梅花院士”美誉的陈俊愉先生，一生潜心研究梅花，培育梅花新品种，他将“自古不过黄河”的梅花生长线北移了 2000 多千米，创下了世界植物引种驯化史上的一个奇迹。

1989 年由陈俊愉主编的《中国梅花品种图志》问世，这是中国也是世界上第一部图文并茂、全面系统介绍梅花的专著。该著作为向国际园艺学会展示中国独有的奇花并获得承认奠定了学术基础。

在梅花品种分类上，陈俊愉创立了世界上独一无二的“二元分类法”，进而形成了花卉品种分类的中国学派，在国际上独树一帜。根据“二元分类法”，陈俊愉将梅花品种分为3个系、5个类、18个型、323个品种。这一新的分类方法不仅解决了梅花品种分类这一公认的难题，还用以指导花卉的栽培、研究、教学、应用、推广和销售等。

1998年，陈俊愉及他领导的中国花卉协会梅花蜡梅分会，被国际园艺学会命名与登录委员会和国际园艺学会执行委员会及其理事会授权成为梅品种国际登录权威，他也成为获此资格的第一位中国园艺专家。从此，国际园艺协会不仅正式确认梅是中国独有的奇花，而且以梅花的汉语拼音“Mei”作为世界通用的品种名称，彻底改变了梅花译名的混乱局面。

“唯有红梅是国魂，唯有牡丹真国色”，陈俊愉还倡议将梅花与牡丹一起定为中国的“双国花”。梅花耐寒迎雪、坚贞不屈的风骨及“一树独先天下春”的先行者的风范，象征中华民族的精神文明；雍容华贵、国色天香的牡丹则代表繁荣富强的物质文明。

如今，有更多的人致力于梅花种质资源、繁育，梅文化及其利用等方面的研究。他们孜孜不倦地探索着，为梅花谱写一曲又一曲赞歌。

梅的种类与分布

梅花最显著也最为人称颂的一个特征就是开于寒冬，开百花之先，独天下而春。梅花还有个特点，先花后叶，即叶前开花，叶生于花开后。

梅的品种及变种很多。按种型，梅可分为真梅种系、杏梅种系、樱李梅种系。其中杏梅乃梅与山杏杂交而成，杏梅种系不香或微香，花托瘫大；樱李梅种系是紫叶李与宫粉梅杂交而成，紫叶红花，重瓣大朵。

按树枝形态，梅可分为直枝梅类、垂枝梅类、龙游梅类。

直枝梅类的新枝往往直上或斜生，挺拔而极富张力，故又称“梅鞭”。该类是梅花中历史最悠久、成员最繁茂的一种，也是画家经常入画的一类。垂枝梅类的枝往往自然下垂或斜垂，龙游梅类的枝干天然扭曲如龙游。

梅按用途可分为果梅和花梅两大类。

果梅常常是指乌梅、话梅等，因其营养丰富，含有人体必需的多种保健物质，故被作为保健食品。花梅是以观赏为栽培目的的梅花品种，人们通常所说的梅花就是指花梅，文人雅士所赞颂的梅花也是指花梅。

梅在中国的自然分布范围很广，西起西藏通麦，南至云南、广东，北至秦岭南坡。在此范围内，川、滇、藏交界的横断山区，是梅的自然分布中心与变异中心。该区域有大片野梅林，且变异类型较多。

与梅的自然分布区相比，梅的栽培分布区更大，除自然分布梅的栽培外，在北京、山东、河南、海南等地，均有梅的栽培。

北方地区栽培的梅，绝大多数以观赏为主。但中国赏梅最为集中的地带为长江流域，在此区域内，建成的梅园甚多，且有一些梅园历史较长，在国内外已有一定影响，如武汉东湖磨山梅园、南京梅花山梅园、无锡梅园、成都杜甫草堂梅园等。

近年来，随着梅文化的不断传播和普及，无论在北方或南方，赏梅景点都在逐渐增多，有许多梅园已建成或正在筹建中。比如位于秦岭中段南麓、陕西省宁陕县梅子镇的“子午梅苑”，该梅苑由陕西省引汉济渭工程建设有限公司（以下简称引汉济渭公司）规划、宁陕引汉济渭开发有限公司建设，已于 2020 年 1 月开园，可谓“梅花开时梅苑开，千娇百媚清香来”！

可赏可食可药是梅花

梅花与饮食

纵观中国人约8000年的用梅历史，梅花在人们的日常生活中主要有三种用途：首先，用来观赏，赏梅可以愉悦身心、陶冶情操，从中领略中国梅文化的博大精深；再者，可以食用；最后，可供药用。

梅的食用价值先于观赏价值，也就是说，一开始梅花不是用来欣赏的，而是用作佐料。如《尚书 · 说命》云："若作和羹，尔惟盐梅。"又如唐代诗人沈佺期诗云："盐梅和鼎食，家声众所归。"唐末五代前蜀著名诗僧贯休《酬韦相公见寄》中也有"盐梅金鼎美调和"的诗句。

盐梅并列，可见古人所用的调味品中梅的地位仅次于盐，例"盐咸、梅醋，羹须咸醋以和之。"盐味咸，梅味酸，均为调味所需。又有个成语叫"盐梅之寄"，比喻可托付重任。

古代文人雅士还有"食露餐花"的风习，梅花是"餐花"的主要材料之一。怎么吃呢？可以生嚼梅花。嚼梅雅事，古来有之，有一副旧对联曰："闲裁焦叶题唐句，细嚼梅花读汉书。"

宋朝苏轼《浣溪沙 · 前韵》词云："醉梦醺醺晓未苏，门前辘辘使君车。扶头一盏怎生无。废圃寒蔬挑翠羽，小槽春酒冻真珠，清香细细嚼梅须。"东坡先生这是嚼梅下酒呢。

明末清初文学家张岱《夜航船》中也有记载，"铁脚道人，尝爱赤脚走雪中，兴发则朗诵《南华 · 秋水篇》，嚼梅花满口，和雪咽之，曰：'吾欲寒香沁入心骨。'"嚼梅咽雪，寒香沁入心骨，是怎样的一种清冽啊！

除了生嚼，梅花还可以拌糖或蜜渍食用。

南宋诗人杨万里诗云："吾人何用餐烟火，揉碎梅花和蜜霜。"对此，杨万里还有注解："予以糖霜和以梅花食之，其香味如蜜渍青梅，小苦而甘。"

南宋词人林洪《山家清供》中记载了"蜜渍梅花"的做法："剥白梅肉少许浸雪水，以梅花酝酿之，露一宿取出，蜜渍之，可荐酒。较之敲雪煎茶，风味不殊也。"林洪还用了杨万里的一首诗做印证，诗云："瓮澄雪水酿春寒，蜜点梅花带露餐。句里略无烟火气，更教谁上少陵坛。"

《山家清供》中还记载了"梅粥"的做法："扫落梅英，拣净洗之，用雪水同上白米煮粥，候熟，入英同煮。"梅花与雪本来就是一对清友，现合之而成粥，其清香可知。林洪又引用了杨万里的诗来做参证："才看腊后得春饶，愁见风前作雪飘。脱蕊收将熬粥吃，落英仍好当香烧。"

"梅花汤饼"的食法，《山家清供》中也有记载，"泉之紫帽山有高人，尝作此供。初浸白梅檀香末水，和面作馄饨皮，每一叠用五出，铁凿如梅花样者，凿取之。候煮熟，乃过于鸡清汁内，每客止二百余花，可想一食亦不忘梅后。留玉堂元刚有和诗：‘恍如孤山下，飞玉浮西湖。’”大意是说，泉州紫帽山的高人制作梅花汤饼，将初开的白梅花浸泡在水中，加适量檀香粉，然后用此水和面做成馄饨皮，五份为一叠，用梅花形的铁模子凿成一朵朵小梅花，煮熟后放进鸡汤，当时在座的客人每位只分到两百多朵小花，可是吃过一次就忘不了了。留元刚赋诗赞曰：“恍如孤山下，飞玉浮西湖。”

鲜美的清汤里漂浮着一朵朵洁白清香的小梅花，可以想见此汤饼的色、香、味都是清绝的。

除上述种种外，取梅花制花茶也是极为常见的。

花与茶，自古有着不解之缘。以花入茶，一盏清水里既有了茶之恬静，亦有了花之优雅。

梅花茶，多是在冬日里采摘梅花，整朵置于容器中，取适量盐末洒在花朵上，将容器密封好，存放于阴凉干爽处。过些时日，将已被盐渍干的梅花取出，改用蜜糖浸泡。烹茶时取一两朵梅花，茶汤碧绿，梅瓣如雪，花香与茶气清洌馥郁，香霭一室，甚有风韵。

文人雅士嗜梅、食梅，是为梅花清香而来，同时也是“食梅之意不在梅”，在于他们对梅花“凌霜雪而独秀，守洁白而不污”“万花敢向雪中出，一树独先天下春”的心理认同，愿“人与梅花一样清”。

梅花可食，梅果亦可。

梅果因加工方法不同，可做成白梅和乌梅。中国古人很早之前就掌握了做白梅与乌梅的方法。北魏农学家贾思勰《齐民要术》记载，“作白梅：梅子酸核初成时，摘取；夜以盐汁渍之，昼则日曝。凡作十宿，十浸，十曝，便成。”又记载：“作乌梅：亦以梅子核初成时摘取，笼盛，于突上熏之令干，即成矣。”

梅花入药用处多

梅花药用的历史也十分悠久。

中国古典文学名著《红楼梦》中说，薛宝钗年幼时得了一种怪病，什么名医都无能为力，多亏一个癞头和尚诊治，说那是她娘胎里带来的热毒，就给她开了一副“海上方”。这“海上方”由四种花蕊作药，春天开的白牡丹花蕊，夏天开的白荷花蕊，秋天开的白芙蓉花蕊，冬天开的白梅花蕊；将这四样花蕊，于次年春分这日晒干，一齐研好；又配以雨水这日的雨水，白露这日的露水，霜降这日的霜，小雪这日的雪，再加蜂蜜、白糖，制成龙眼大的丸子，盛在旧瓷坛内，埋在花根底下，发病时拿出来吃一丸。这“海上方”制成的丸子叫“冷香丸”。薛宝钗吃了颇有效验。

“冷香丸”中取了梅花，这虽是写书人所说，然亦不无道理。

中国现存最早的中药学著作《神农本草经》这样记载梅的药用价值：梅，气味酸平，无毒。主下气，除热烦满，安心，止肢体痛，偏枯不仁，死肌，去青黑痣、恶肉。

李时珍《本草纲目·草部·绿萼梅》记载：梅花气味酸、涩、平，主治胁肋胀痛，脘闷胀气，纳食不香。

清代著名医学家赵学敏《本草纲目拾遗》对梅花的药用价值更是推崇，说“梅花之用，入药最广，而功效亦最大”。

综合来说，梅花入药的最大特点就是，能理气、调脾胃、舒气血，还有化痰散结、利尿解毒之功。

近年来在苏杭一带，人们时兴制作一种“梅花香袋”作保健养生之用。香袋的制作方法是：用密致的棉布缝袋，将干梅花15～20克放在袋内，封口。每日贴身佩戴香袋，晚上将香袋放于枕边，人体吸收梅花清香之气，以此预防一些传染性疾病。

此外，梅花还可提取芳香油，据《本草纲目拾遗》记载：“海澄人善蒸梅及蔷薇露，取之如烧酒法，每酒一壶滴露少许便芳香。”梅花芳香油有清神思的作用。

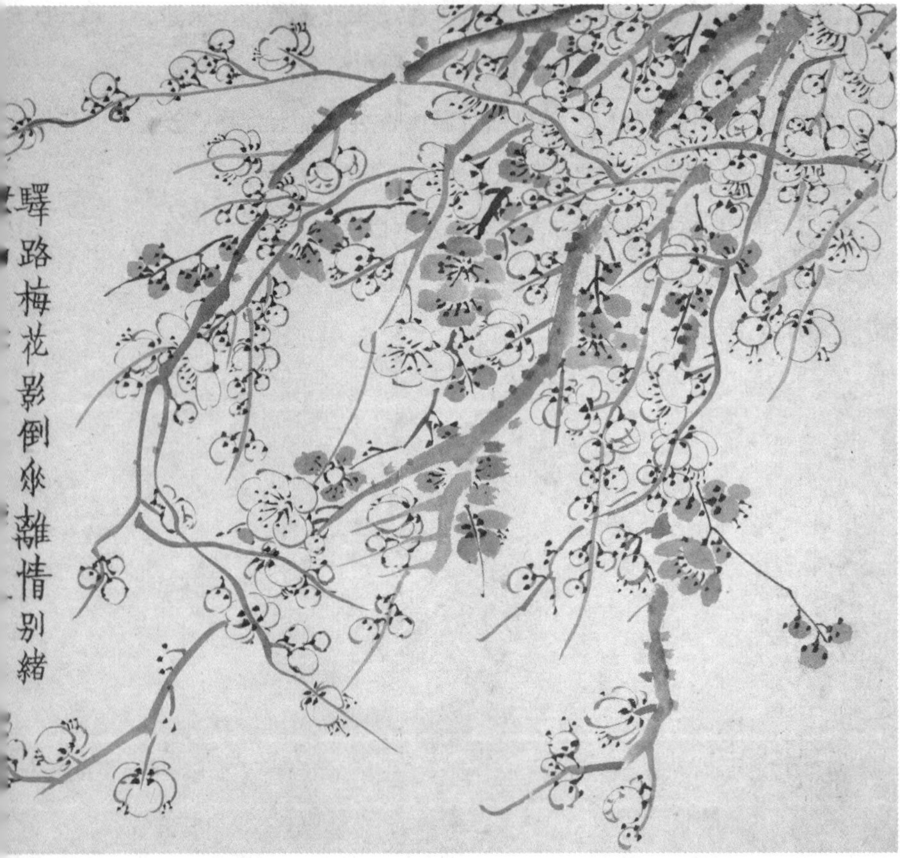

◎《梅花图》 清代 金农

梅与中国梅文化

为中华文化添了一分瑰丽的梅文化

梅是中国传统名花之一，素以傲雪凌霜、一树独先天下春的高贵品质而倍受人们喜爱。自古以来，人们在植梅、赏梅、咏梅、画梅的过程中，从“盐梅和羹”的梅果意象到“折梅寄情”的梅花意象，再到把整个梅树、梅花视为健全的君子人格，梅的形象完成了从实用性到精神性的转变。梅花已不仅仅是一种花卉，它已成为一定社会背景下人们精神追求的目标，并以广阔、丰富、深邃的内涵，构成了一种独特的文化现象，即“梅文化”。

梅文化是中国花文化的重要组成部分，也是中国传统文化中的一朵奇葩。

依照中华先民从梅果实用性的物质层面，进而发展到梅花观赏、借梅抒情、借梅言志的精神层面，依照这种对梅果、梅花认识的递增层次，可将梅文化的形成与发展划分成四个阶段：宋代以前是梅文化的形成期；宋元时是梅文化的兴盛期；明清时是梅文化的发展期；近现代是梅文化的科技创新期。

在这四个阶段中，人们对梅的认识与关注具有明显的时代特征。尤其是宋元时期，人们对梅的喜爱、关注达到了一个前所未有的高峰。

宋代以前：梅文化的形成期

根据人们对梅的认识、喜爱、关注的程度，这一时期又可分为三个阶段：魏晋前、魏晋南北朝时期、隋唐五代时期。

魏晋以前人们对梅花的认识主要局限在梅子的实用性上，如《尚书·说命》中有“若作和羹，尔惟盐梅”；又如《周礼·天官冢宰》记载：“馈食之笾，其实枣、栗、桃、乾橑、榛实。”据考证，“乾橑”就是梅子干的古称。

虽然从现存文献看那时也有对梅树、梅花形象的赞许——如《诗经》的《小雅·四月》中有“山有嘉卉，侯栗侯梅”的诗句，那时人们将梅称为“嘉卉”，即可反映人们对梅花的欣赏态度。又如《诗经·国风·召南》中有首描写一个女子思春求爱之诗：“摽有梅，其实七兮。求我庶士，迨其吉兮。摽有梅，其实三兮。求我庶士，迨其今兮。摽有梅，顷筐塈之。求我庶士，迨其谓之。”通过梅子落地，树上梅子渐少来比拟女子待嫁的急迫心情，希望心仪的男子赶快来求婚。汉代刘向所著《说苑》中记载，春秋时期越国使节出使梁国，手执一枝梅花作为见面礼，向梁王问候致意；这可说明当时的越人已对梅花情有独钟——虽然这些文字可见当时人们对梅的赞许，但这也只是浩如烟海的古代文献中简单、零散的记载。

魏晋南北朝时期，梅开始作为一种常见的花木为人们所认识和欣赏，如西汉刘歆《西京杂记》中记载：“汉初修上林苑，远方各献名果异树，有朱梅、胭脂梅。”又：“汉上林苑有侯梅、同心梅、紫蒂梅、丽友梅。”这些史料表明，这一时期梅已作为奇花异果进入宫廷禁苑并为人们所熟知。

梅花最早作为一种文化意象出现是在民歌中，以落英缤纷的形式。如南朝乐府民歌《子夜四时歌 · 春歌》中有这样的句子：“杜鹃竹里鸣，梅花落满道。燕女游春月，罗裳曳芳草。”“梅花落已尽，柳花随风散。叹我当春年，无人相要唤。”前四句写梅花落时，逸乐安适的女子在杜鹃声里游春的景象；后四句感慨梅花落尽春光将逝，仍迟迟未遇见心上人。

南北朝时期，还有个对后世影响深远的梅花韵事，那就是南朝宋武帝之女寿阳公主梅花点额的故事，史书记载：“宋武帝女寿阳公主人日卧于含章殿檐下，梅花落公主额上，成五出花，拂之不去。皇后留之，看得几时；经三日，洗之乃落。宫女奇其异，竟效之，今梅花妆是也。”妩媚动人的梅花妆是古代颇为流行的一种妆容，“梅花妆”也成为后世文人吟咏梅花时的常用之典。

梅花最早被称为报春使者并成为友谊的象征，始于南朝陆凯的《赠范晔诗》：“折花逢驿使，寄与陇头人。江南无所有，聊赠一枝春。”这首诗对后世产生了深远的影响，还经常被用作梅画的题款诗。

梅花最早被称颂为具有不畏严寒的品格，缘于南朝宋文学家鲍照的《梅花落》：“中庭多杂树，偏为梅咨嗟。问君何独然？念其霜中能作花，露中能作实。摇荡春风媚春日，念尔零落逐风飚，徒有霜华无霜质。”诗中对梅花不惧严寒“霜中能作花，露中能作实”

◎《梅花仕女图》 清代 任伯年

的品格大加赞赏。自鲍照之后，梅花便与傲霜凌雪紧密相连了，并成为节操高尚、孤直不屈之士的象征。

梅花最早被人从审美的角度描写，得益于南朝梁诗人何逊《咏早梅》：“兔园标物序，惊时最是梅。衔霜当路发，映雪拟寒开。枝横却月观，花绕凌风台。朝洒长门泣，夕驻临邛杯。应知早飘落，故逐上春来。”这首诗写出了梅花凌寒怒放的高贵品格，写尽了梅花俏丽报春的妩媚情态，又寓有不负韶华、及早建功立业的思想，对后世咏梅诗产生了极大影响。

南北朝时期，文人雅士咏梅渐多，连南朝梁简文帝与梁元帝也都有咏梅诗传世，可见梅花在当时已引起人们一定的兴趣。尤其是梁简文帝萧纲，他有《春日看梅花》诗歌传世，还有一篇《梅花赋》传世，他也是中国历史上第一位咏梅的帝王。

隋代流传下来的较有影响的咏梅诗，是隋炀帝时的宫女侯夫人所作的《春日看梅花》二首。其一：“砌雪无消日，卷帘时自颦。庭梅对我有怜意，先露枝头一点春。”其二：“香清寒艳好，谁惜是天真，玉梅谢后阳和至，散与群芳自在春。”第一首写梅花怜人之情，第二首写人的惜花之情，在人和梅的感情交流中表达了对梅花的赞美，感情真挚而浓烈，芳洁而温馨。这两首诗也是现今所知的最早的女性咏梅诗。

初唐时，男人大批大批地被征发到边关，征夫思妇成为当时诗作的一个主要题材。如杨炯的《梅花落》：“窗外一株梅，寒花五出开。影随朝日远，香逐便风来。泣对铜钩障，愁看玉镜台。行人断消息，春恨几裴回。”此诗既是咏物诗，又是闺情诗，前四句咏物，后四句写人；首联中的“一株梅”暗示了女主人公的孤独，也引出了尾联中对春恨的感慨。

隋朝以及初唐时期的咏梅诗数量不是很多，但人们已经从物质的实用上升到精神层面的感受，只不过在立意上大多停留在睹物感伤或感言闺怨的层面上。

中唐时，国家统一、社会安定、民生发展，梅花的栽培也得到极大的发展。

罗邺《梅花》诗云："繁如瑞雪压枝开，越岭吴溪免用栽。却是五侯家未识，春风不放过江来。"此诗道出了南方地区梅花分布的普遍性与自然优势。另据《华阳县志》记载：五代初，王建据蜀称王，曾在成都辟梅苑。五代十国时后蜀开国皇帝孟知祥在成都称王时，梅苑中有老梅卧地，被称为"梅龙"。由此足见，唐朝及五代十国，在华东、华中、华南地区以及西南地区的四川梅花已广泛栽培。

王绩《在京思故园见乡人问》诗中有这样的句子："旧园今在否，新树也应栽。柳行疏密布，茅斋宽窄裁。经移何处竹，别种几株梅。"这首诗是写王绩在他乡遇到故人，急切地一问再问，想要知道家乡故园变成什么样子。与此诗有异曲同工之妙的是王维的《杂诗》："君自故乡来，应知故乡事。来日绮窗前，寒梅著花未？"王绩、王维都是今山西人，通过两人的思乡诗作可见当时梅花在山西的种植情况。

这一时期，随着梅花在南、北方种植的增多，咏梅诗文也逐渐增多，帝王、名臣都有咏梅作品涌现，如唐太宗李世民《于太原召侍臣赐宴守岁》，唐代名相宋璟《梅花赋》、张九龄《庭梅咏》。此外，更有杜甫、张谓、白居易、杜牧、李商隐、齐己等一大批咏梅诗人。

唐代的咏梅诗较之唐以前的咏梅诗，在表象上更加注意梅的美学价值，更加准确地把握了梅的精神品质，作品的立意也逐渐从睹物感伤发展到审美赞赏、隐喻比德，梅花的人格象征意义也就出现了。如朱庆馀在《早梅》中写道："天然根性异，万物尽难陪。自古承春早，严冬斗雪开。艳寒宜雨露，香冷隔尘埃。堪把依松竹，良涂一处栽。"诗中对梅花的褒扬，使梅花晋升了阶位，获得了与松、竹"比德"的地位。

由朱庆馀《早梅》可见，宋以后流行的"岁寒三友"的说法，在唐代已有了雏形；梅文化的精髓——傲霜凌雪、坚贞刚强、清芬高雅、不随世俗的精神品质，在这期间初步形成。

宋元时是梅文化的兴盛期

宋元时，梅文化的发展进入繁荣兴盛时期。栽培上，新品种大量涌现，栽培技艺不断提高；文化上，梅诗、梅文、梅画、梅书纷纷脱颖而出，作品之多为历朝历代之最；梅花也于此时确立了百花独尊、群芳之首的地位。

梅花品种多样。据文献记载，宋元时期，梅花的品种与栽培技术都得到了极大的发展，在品种上有：江梅、钱塘湖早梅、消梅、重叶梅、绿萼梅、绛边绿萼梅、百叶缃梅、红梅、骨里红梅、鸳鸯梅、杏梅，以及狗蝇梅、磬口梅、檀香梅。此外，还有千叶梅、重台梅等新品。

因梅花的广泛种植，出现了梅花园林。尤其是入宋后，文人墨客、士大夫阶层的闲情雅趣，极大地促进了私家园林的兴起。

各地纷建梅园，遍植梅树，修建梅溪、梅湖、梅台、梅亭等景观，这也使喜梅、植梅、赏梅成为一种社会时尚。

据文献记载，北宋时汴京最大的皇家园林中便有梅景园。到了南宋，梅花的种植更加普及。南宋范成大《范村梅谱》中云："梅，天下之尤物，无问智愚贤不肖，莫敢有异议。学圃之士，必先种梅，且不厌多。他花有无多少，皆不系轻重。"又有史料记载，南宋绍兴年间，冯时行等一行 15 人共赏成都西郊前蜀皇帝王建梅苑的古梅，行酒树下，分韵赋诗。这些记载都说明，在宋代，尤其是南宋的私家园林中，梅是必植之花木，赏梅风气盛行。

欣赏之，咏赞之，咏梅文学在宋代到达了一种极致，宋代的著名诗人或词人几乎都有咏梅作品传世，而梅花也堪称是宋代诗词中永恒的话题。据统计，《全宋诗》收诗约 25.4 万首，梅花题材之作有 4700 多首，占 1.85%；《全宋词》收词 2 万多首，咏梅词 1120 多首，占 5.6%。如此庞大的咏梅诗词总量，是历朝历代都无法比拟的；还有数据显示，现存宋代咏梅诗词总量是宋以前咏梅诗词总量的 50 倍。

宋、元两代咏梅作品的繁荣不仅表现在数量上，更表现在作品的质量上。

以下仅从宋人咏梅作品的立意与咏梅作品的艺术表现技巧两个方面进行一些分析。

第一，宋人咏梅作品的立意。

纵观六朝及隋唐，梅花的地位并不突出。诗赋所咏，虽然也有一些"庭梅""宫梅""官梅"等园林所属梅花，但总体上仍以自然野生梅景为主。诗人多半是从“花开花落”的自然景象中触发自身的情感，并由此抒发时序迁转、青春易逝、生命漂泊的凄苦悲怨。这其中固然也有一些积极的立意，但也不外是感叹春光来早、阳和新好的感奋与欢欣。这一阶段，梅花在人们的眼里，更多的是标识时序变迁、物色荣谢的一个表象、一个细节，是人们借时序变迁抒发内心感受的一个触机和媒介，尚未取得充分独立的审美意义。

自中唐起，诗人咏梅开始表现主动的意态和情趣。如白居易的《和薛秀才寻梅花同饮见赠》：“忽惊林下发寒梅，便试花前饮冷杯。白马走迎诗客去，红筵铺待舞人来。歌声怨处微微落，酒气熏时旋旋开。若到岁寒无雨雪，犹应醉得两三回。”这首诗写的便是踏青探梅、闲居赏梅。此时梅花已开始由自然物色意象，逐渐成为主体深入观察、欣赏的审美对象。这种变化发展到宋代，已成为一种成熟的审美趋向。

南宋时，认识进一步提高——“对梅欲作语，当在梅之外。”“若以色见我，色衰令人忘。香为众妙宗，妙亦不在香。”“说着色香犹近俗，丹心只许伯夷知。”这些都可说明，梅在宋代有了一定的象征意义，遗貌取神、梅高在格已成为梅花审美认识上的共识。至此，梅花的自然形象逐步被诗人赋予了深刻的精神意义和思想价值，加之宋代文人间兴起的比德现象与宋代普遍存在的忧患意识，从而使梅花这一审美对象在宋代上升为一种崇高的文化象征。同时，这种象征也标志着这一时期人们对梅花的审美已经超越对其外在形态的追求，而转向对其精神内涵的观照，这是古人审美历程上的一大进步，由此为梅文化奠定了良好的基础。

◎《梅花图》 南宋　马麟

第二，咏梅作品的艺术表现技巧。

艺术的表现技巧是作者传达自己审美思想的途径。宋人对梅花审美由外在的形象之美发展到特定的文化象征，与之相应的是，咏梅艺术表现手段也出现了一系列的嬗变。主要表现在，宋人咏梅“匠心独运，以意炼象”。

宋以前，人们咏梅多着眼在花之色、香，极少着眼于梅的枝干。北宋林逋隐居孤山，植梅放鹤，在梅的审美视角上，开创了咏梅诗的枝影美。如其咏梅名句“疏影横斜水清浅，暗香浮动月黄昏”，再如“雪后园林才半树，水边篱落忽横枝”，以及“湖水倒窥疏影动，屋檐斜入一枝低”，这些把以往人们没有注意到的枝干，以及月下枝干映射到水面、窗纸上的疏影作为审美对象，然后辅之以水、月、雪，使梅花突破了一般春花的凡姿俗态，展现出疏、雅、瘦、劲的骨格形象之美。在审美对象的把握上，宋人采取“以少胜多，一枝传神”的手法，对满树的梅花多撷取“竹外一枝”“水边篱落两三枝”“触目横斜千万朵，赏心只有两三枝”的审美裁截，用“幽影”“扶疏”之象营造朦胧的意境与氛围。这些独特的取景和组合，以及视角的大转换，对体现梅花的品格美、意趣美有着十分良好的效果与作用。

宋人咏梅还善于“渲染烘托，物外传神”。诚如南宋江莘词云：“写照乍分清浅水，传神初付黄昏月。”这告诉了人们，如何对梅花进行观照与传神，如何渲染烘托、横斜取势。北宋谢逸“本是前村深处物，竹篱茅舍却相宜”，南宋赵蕃“梅花佳处是孤影，月落参横真见之”，南宋杨无咎“破寒迎腊吐幽姿，占断一番清绝。照溪印月，带烟和雨，傍竹仍藏雪”……宋人正是通过“清浅水、黄昏月、竹篱茅舍、孤影、照溪印月、带烟和雨”等词对梅花进行烘托、渲染、造势，以突出梅花的“神”和“韵”，通过对这种潜在“神、韵”的挖掘与表现，来映照、适现、彰显事物的性质、神采和意义。正是将梅花置于这种意象纵横的环境氛围中，才获得了更为清晰的审美指向。

宋人咏梅还注重“比品较格，拟议阐说”。比较、比喻与比拟是文学中最基本的描写手法，宋以前的咏梅作品中已不乏先例。如古乐府诗“只言花似雪，不悟有香来”，又如初唐卢照邻的“梅岭花初发，天山雪未开。雪处疑花满，花边似雪回”，但这种比较与比喻大多停留于写形拟貌的层面上。进入宋代后，诗人、词人们则更注重梅花品格的比喻与比较，如南宋萧泰来的“清绝，影也别，知心惟有月。原没春风情性，如何共、海棠说”，又如南宋王庭圭的“疏影横斜语最奇，桃李凡姿无此格”。拟人化是宋代咏梅作品最富写意性的一种技巧。宋以前写梅也有以美人比喻或比拟的，但所拟仍重在梅花的粉色玉貌，而宋人则拟人论格，以人格之高喻“梅格”之高。

宋人咏梅还常常使用“错位”技巧。错位描写的方法是宋人在咏梅上的又一创造，通过对感觉与方位的错位，达到凸显主题的效果。如对“梅香”的刻画就采取了人体感观错位的手法，把原本属于嗅觉的花香错位到视觉、触觉、味觉，“孤香黏袖李须饶”“暗香浮动月黄昏”“一点酸香冷到梅”等诗句即是如此，使本当是嗅觉的感受错位到“黏”“暗”“酸”“冷”等触觉、视觉、味觉上。而林逋的“湖水倒窥疏影动，屋檐斜入一枝低”则使用了方位的错位，梅花影落水中，本当强调梅花倒影随波摇动，错位的结果是让湖水“倒窥”梅花疏影；不说梅花枝条高高伸入到屋檐之下，而说屋檐插到了梅枝下。这种错位的描写手法，极大地丰富了梅花的表现形式，达到了极好的艺术效果。

宋、元两代咏梅作品的繁荣，还体现在宋元时咏梅名家辈出，如林逋、王安石、苏轼、黄庭坚、陈与义、杨无咎、陆游、范成大、杨万里、姜夔、刘克庄、宋伯仁、张道洽、李清照、王冕、杨维帧等。

除大量的咏梅诗词外，宋元时期还出现了许多载述梅花的专著。如北宋周师厚著有记载各种花木的《洛阳花木记》；南宋范成大著有《范村梅谱》，又称《梅谱》；南宋张功甫著有《梅品》；南宋宋伯仁著有《梅花喜神谱》；元人吴太素著有《松斋梅谱》等。其中《范村梅谱》是中国最早的一部关于梅花园艺品种的专题谱录，代表了中国古代梅花园艺，尤其是品种搜集和培育的主要成就。《梅品》与《范村梅谱》齐名，为“梅文化”中的两朵奇葩。

宋、元两代，时人爱梅成风，以至于当时常有“呆女痴儿总爱梅，道人衲子亦争栽”，以及“梅，天下之尤物，无问智愚贤不肖，莫敢有异议”“便佣儿贩妇，也知怜惜”等说法。在这样的社会氛围下，宋代的梅花景观也多不胜数，故形成了对梅花景观的各种雅致的称谓与用语。

有关梅景的称谓有“梅池、梅岗、梅岭、梅渚、梅林、梅园、梅村、梅坡、梅涧、梅溪、梅岩、梅亭、梅台、梅轩、梅屋、梅窗、梅径”等。形容梅花形态的用语有“梅梢、蓓蕾、欲开、半开、全开、欲谢、半谢、全谢、小实、大实”等。形容梅的不同生态的有“岭梅、野梅、早梅、寒梅、小梅、疏梅、枯梅”等。形容梅所处环境的有“清晨、风前、月下、雪后、雨中、水边、竹外、江村、山馆、

◎《芥子园画传·华光长老画梅指迷》 清代 王概

薄暮”等。还有许多指代与梅有关的各种活动的用语，如“催梅、探梅、赏梅、泛梅、簪梅、评梅、恋梅、爱梅、梦梅、折梅、叹梅、感梅、梅癖、梅债、问梅、吟梅、种梅、接梅、买梅、忆梅、寄梅”等。另有一些与梅有关的各种用品，如“盐梅、梅角、梅屏、梅香、纸帐梅”等。

那么，为何“梅文化”会在宋元时期达到鼎盛呢？深入分析，主要是文化、政治方面的原因，该原因又可从五个方面进行阐述。

一、游牧文化与农耕文化冲突引发的忧患意识。

自轩辕以来，中华大地诞生了华夏文明。华夏文明主要包括两种生存方式，即农耕生存方式与游牧生存方式。这两种生存方式分别创造了两种文化，即中原文化与草原文化，或称农耕文化与游牧文化。

回顾历史我们可以发现，在整个中国文化史上，宋代是一个极其重要的阶段。国学大师陈寅恪曾说，“华夏民族之文化，历数千载之演进，而造极于赵宋之世”。宋代的文化发展、科技发明与创造达到了极高的水平，中国的四大发明中有三项发明产生于宋代。

宋代，虽然科技与文化发展达到了相当高的程度，但国家安全威胁一直都是最为突出的问题。

宋太祖在宋朝立国之初便推行“右文政策”，即采取“重文轻武”的治国之策。这一国策的确定，使宋代文化空前繁荣。这一国策，也促使人们的生活态度、审美情趣等都朝着一种精细、雅致的方向发展。另一方面，理教、儒学的兴盛，使中国特有的“中庸”“中道”“中和”的文化特色在宋代达到顶峰。这种文化体现在民族

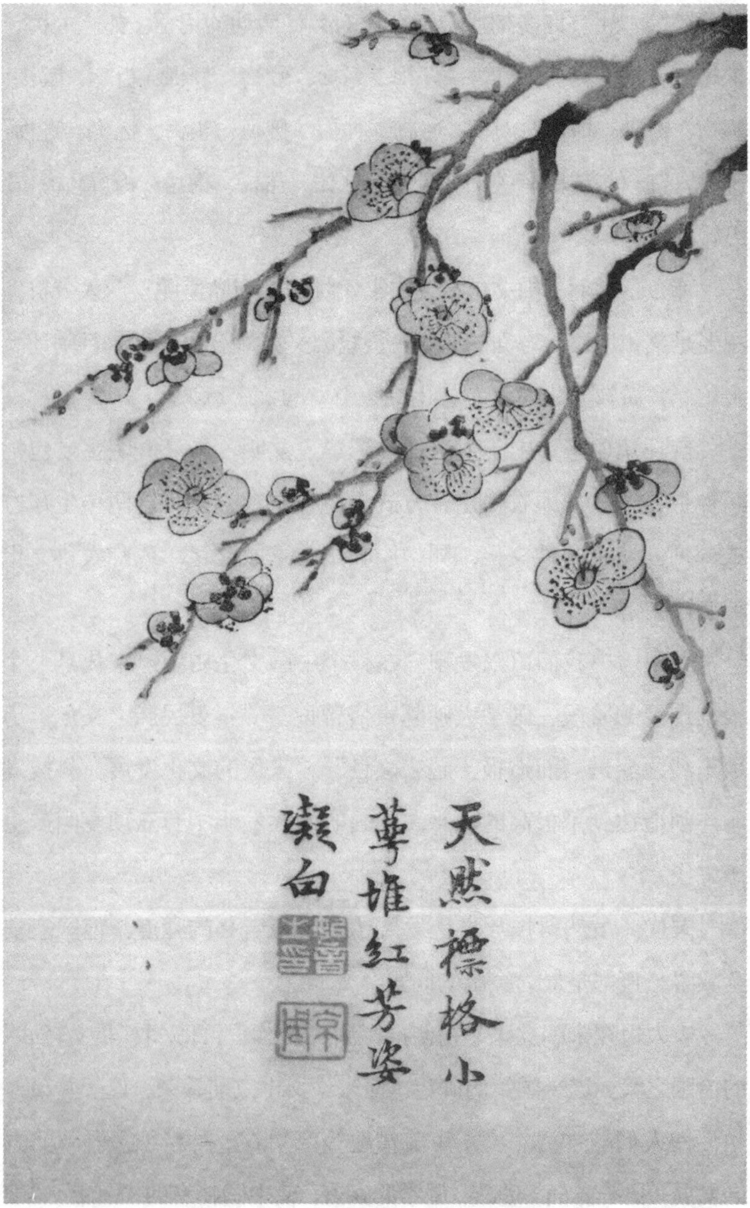

◎《芥子园画传·华光长老画梅指迷》 清代 王概

性格上，就是不提倡感情过分激烈的外露，行为举止上崇尚内敛、含蓄、适度、克制、婉转。在这种大的文化背景中，民族性格中粗犷、勇猛、刚烈的一面被弱化。整体民族性格的弱化，导致宋人的身体素质根本无法与生活在北部草原以游牧为生的游牧民族相抗衡，这也使处于冷兵器时代的宋人在与北部游牧民族的战争中经常落于下风。

北宋王朝建国伊始，就面临着极为恶劣的地缘政治环境。对外，北有强大的辽王朝，西北有骚扰不断的西夏，南有经常蚕食国土的交趾。对内，政治环境欠佳，民变、兵变频繁，党争不断，造成宋朝“积贫积弱”，长达300年的赵宋王朝一直处于被动挨打的局面，尤其是“靖康之难”，徽、钦二帝被掳，给宋人，尤其是爱国知识分子造成了巨大的精神打击。宋人赖以自豪的高度的精神文明却无法抵御落后的草原文明，成了宋人无法治愈的心结。

然而，人们要求收复失地、洗雪国耻的救国呼声无人理睬，爱国行动备受压制，一大批爱国知识分子报国无门，横遭打击。有人壮怀激烈，却只能在悲愤抑郁中徒劳地奋争；有人寄希望于“天子”的圣明，却在美好的梦想与冷漠的现实中空空地企盼了一生；有人忧国之情无法抑制，又无法面对现实，心理失衡而远离尘世成为隐士或遁入空门。

在这种社会背景下，百花苑中别具一格的梅花，便引起了失意的宋人特别的关注。他们从盛开的梅花那里受到了鼓舞与启迪，仿佛从梅花不畏艰难、奋发向上的品格中看到了国家的未来。有人欣赏梅花那种凌寒傲雪、坚贞不屈的斗争精神；有人钦慕梅花那种清芬高雅、不卑不亢的高标逸韵；有人钦羡梅花那不随众俗、独占春先的独特个性；有人欣赏梅花那种与世无争、甘心寂寞的淡趣闲情……总之，生活在忧患意识中的宋人从不同的心理情结出发，都能在梅花那里找到自己的精神寄托。

二、士大夫文化的影响。

士大夫是中国古代对社会上的士人和官吏的统称，他们既是国家政治的直接参与者，也是社会上文化、艺术的创造者、传承者。宋朝立国之初实行“右文政策”，以世俗地主经济为基础建立的赵宋政权明确昭示以“士大夫治天下”。统治者以“崇文抑武”为国策，笼络知识分子，大规模地开科取士，“取士不问家世”；同时，宋太祖又要求本朝决不杀士大夫。在这样的社会背景下，贫苦出身的读书人要改变自己的生存状况、命运，只有寒窗苦读，通过科举而跃入统治阶层。当时，从中央到地方各级政府机构中的大多官职由文官担任，甚至掌全国军权的枢密院正副使以及各州县的军事指挥，也皆委以文官，这样一来，读书人出身的官员成了国家官僚队伍的主体和政治结构的中坚，士大夫阶层的队伍得以壮大。

宋代士大夫作为社会政治、经济体制的既得利益者，对维护和强化封建伦理秩序有着更切身的体验和更自觉的责任感。他们特别注重自身道德品质的修养，并由此激发了“修身、齐家、治国、平天下”的道义精神；他们在学识上讲究四书五经六艺兼修，琴棋书画样样精通，思想上大多自命清高，奉行“达则兼济天下，穷则独善其身”，这些都促进了宋代道德品质的普遍高涨。

随着士大夫阶层的日益壮大与道德意识的普遍高涨，士大夫阶层的生活方式与人文理念备受推崇，士大夫文化得以蓬勃发展，社会上弥漫着一种风流儒雅、闲适娱乐的文化氛围。

宋朝统治者的个人爱好也给这种文化取向起到了推动的作用。宋徽宗赵佶在位 25 年，政治上昏庸无能，但书画艺术上却颇有成就，他在书法上创造出别具一格的“瘦金体”，他又以作画作为科举考试的一项内容，将画家的地位提高，这些都极大地刺激、推动了士大夫文化的发展。

在日益丰富的士大夫“雅”文化中，园林圃艺是最生动的一个方面。在宋人的园艺建设中，花卉种植为最常见的项目。尤其是对中下层官僚知识分子来说，莳花艺术较之凿山叠石、筑台建楼而言，简俭易行，力所能及，因而更为普遍。而梅花以其“江南此物处处有”“越岭吴溪免用栽”的习性适应了两宋之际经济、文化以及政治重心的南移，并以其早馨凌寒、幽姿淡雅的独特形象满足了宋人道德意识和审美“比德”追求的心理期待，因此逐渐成为士大夫的最爱，并成了士大夫阶层人格最崇高的象征。

三、宋代文人“比德”思想的影响。

中国古代文人非常注重对自身道德品质的修养，故他们先定位人品、人格，再从自然界中寻找定位的参照物，比如花木，于是就有了借花喻人、以人拟花的比德思想。这种思想最早源自儒家学派代表人物孔子，在《孔子家语 · 在厄》中有这样的记载：“芝兰生于深林，不以无人而不芳；君子修道立德，不谓穷困而改节。”孔子从人的伦理道德观点看自然现象，把自然现象看作是人的某种精神品质的对应物，这就是中国文人最早的比德思想。于是后人把一些具有清高绝俗品格的花木拟人化，如松、竹、梅被称为“岁寒三友”，梅、兰、竹、菊被称为“四君子”。到了宋代，人们

◎《腊梅双禽图》 北宋 赵佶

更加注重对花木特有的形象所体现的精神内涵进行挖掘，把文人应有的品性、涵养等灌注其中。北宋中期以后，随着道德意识的高涨，儒家义理不断深入人心，加之宋代国运不济给宋代文人带来巨大的精神冲击，梅花那“傲霜凌雪”的习性自然越来越受到文人的关注，渐渐地，梅花被赋予刚直不阿、坚贞不屈、含蓄旷达、清耿廉洁、自尊自持的品格意志和情操气节，并以其作为君子修道立德的参照。

四、宋代文人唱和结社的影响。

据文献记载，早在汉代，官吏就有了例行的公休假制度，称为“休沐”。宋代，官史为“旬休”，即十天一“休沐”。

宋代文人有着比较强烈的结社、结派意识，在休沐日，他们热衷于以群体的形式存在并体现其价值。如宋代赏梅诗会盛行，宋人吴聿《观林诗话》中有这样的记述：“（汴京）都下旧无红梅，一贵人家始移植，盛开，召士大夫燕赏，皆有诗，号《红梅集》，传于世。”又如前文所述南宋冯时行等一行15人于成都赏梅，分韵赋诗等。

宋代的赏梅诗会兴酬和之风，即在赏梅诗会上咏梅唱和。唱和分两种：一是诗人词客间的笔墨酬应，此唱彼和。如北宋郑獬在熙宁二年（1069年）出知杭州时有《和汪正夫梅》20首，这可以说是宋代现存较大规模的唱和；二是和往贤佳作唱和，如林逋的“孤山八梅”、苏轼的《次韵杨公济奉议梅花十首》，后来不断有人唱和，如此产生了大量的作品。

宋代还时兴组诗创作，如对某一主题创作十咏、百咏联章组诗，如此又有大量作品问世。如苏轼的《次韵杨公济奉议梅花十首》《再

◎《双清图》（局部） 清代 恽寿平

和杨公济梅花十绝》，都是在这种形式下产生的。

五、隐士现象的推进。

宋代还有一种现象，即隐士现象，这种现象是由一批爱梅近痴的隐士造成的，他们在中国梅文化的发展中起到了举足轻重的作用。

中唐尤其是晚唐及五代以来，江南地区隐士之风盛行，至宋时隐居之风更甚。北宋隐逸诗人林逋便是其中的代表，他隐居杭州孤山，房前屋后植梅，树下窗外散养野鹤，20 年不进城，终生未娶，世称“梅妻鹤子”。他的《山园小梅》诗中的名句“疏影横斜水清浅，暗香浮动月黄昏”脍炙人口。诸如这般的名诗佳句，本身就构成了一个个“符号”，成为后人咏梅几乎有言必称的典故，也成了梅文化在宋代达到鼎盛的标志。

梅文化之所以能在宋元时期达到一个前所未有的高度，除上面谈到的几点外，宋代文化的相对普及、出版印刷业的发展等也为文人作品的传播起到了推动的作用。

明清两代是梅文化的发展期

进入明清两代，梅花栽培规模有所扩大，栽培技术也有极大提高，新品种大量涌现。这一时期所出现的和梅花有关的书、文、诗、画，即能反映此特点。如明朝农学家王象晋《群芳谱》记载梅花品种有 19 种之多，又将其分属白梅、红梅、异品三大类，并对各品种有简单记载，且介绍了繁殖栽培技艺。约在同时期，周文华著《汝南圃史》、徐光启著《农政全书》，均记载了许多梅花品种。

较明代而言，清代梅花栽培更为昌盛，品种进一步增多，当时的苏州、南京、杭州、成都等地都有较大规模的赏梅佳处。

明清时期写梅者亦多，形式亦有创新。

在咏梅诗创作上，明清两代也是人才辈出，如高启、徐渭、方孝孺等，其中高启的《咏梅》脍炙人口，诗云："琼姿只合在瑶台，谁向江南处处栽。雪满山中高士卧，月明林下美人来。寒依疏影萧萧竹，春掩残香漠漠苔。自去何郎无好咏，东风愁寂几回开。"

绘画方面，明清出了一些以善画梅而著称且具有创新意识的画家，如"扬州八怪"等，其中以金农、李方膺为代表。

明清两代梅花栽培技术有所提高，文人的咏梅诗保持着较高的水平，为梅文化的发展起到了承前启后的作用。

近现代是梅文化的科技创新期

辛亥革命以后，梅花栽培进入了科技创新时期。

梅花品种由各地分散种植转为集中入圃，梅花的栽培与研究得到了极大的重视。

随着现代植物学的发展，中国园艺科学工作者对梅花品种进行了系统研究。以汪菊渊、陈俊愉为首的中国学者于 1945 年拟定了中国梅花品种检索表；1947 年，陈俊愉发表了《巴山蜀水记梅花》；也是在 1947 年，上海举办了中国历史上第一次梅花博览会，在此期间还从日本引进"洒金""垂枝"等数十个梅花品种，大大丰富了中国境内的梅花品种。1949 年出版的《花经》中，还专门介绍了梅花栽培技术。

中华人民共和国成立后，梅花栽培及研究得到了飞速的发展。

传统梅园规模得到进一步扩大，又建成了一些新的梅园。

1962 年，园林学家陈俊愉、周家琪首创二元分类法。当时，陈俊愉将梅花品种分为 4 类 13 型。在以后 30 余年的发展过程中，中国梅花品种分类系统经过了很多次的补充、修改。如 1996 年陈俊愉将中国梅花品种分为 3 系 6 类 14 群 25 型，1999 年陈俊愉又科学地将中国梅花品种分为 3 系 5 类 18 型，构成了中国梅统一分类新体系。这是自 1962 年观赏植物二元分类法提出后，梅花品种分类的最新发展。在此新体系中，不再包括野生或半野生变种、变型。

1998 年，陈俊愉被国际园艺学会命名与登录委员会和国际园艺学会执行委员会及其理事会授权成为“梅品种国际登录权威”，为中国在国际园艺学会里的第一个园艺类植物的国际登录权威，梅在外文中第一次正式以汉语拼音（Mei）公之于世，有力推动了中国梅文化走向世界。

近年来出版的由陈俊愉主编的《中国梅花品种图志》《中国梅花》可谓集梅研究之大成，成为现代梅花研究与栽培的百科全书。

在梅花栽培技术上，随着现代分子生物育种技术、远缘杂交技术的发展，以及对外交流的开展，中国的梅花品种得到了极大的丰富。而梅花试管离体快速繁殖技术的初步建立，为梅花更大规模的栽培繁殖提供了良好的技术保证，为梅及梅文化的发展奠定了坚实的基础。

嶺南沙相
國歲寒三友
圖
英求雅賞

◎『岁寒三友图』 清代 赵之谦

开在梅花里的美学意境与自由精神

梅花审美意义发展之流变

在数千年的中国文化长河中，梅花以其颜色之艳、香气之清，以及其凌寒傲雪的形象，历来备受人们的喜爱，由此形成了中华民族特有的一种文化现象——梅花审美文化。或许可以这样说，梅花承载了中华民族的精神信念和文化理想，梅花丰富了中华民族的精神文明。

现在，梅花的审美已经作为一种具有中国特色的文化现象被人们欣赏和品味，但我们回溯梅花审美的发展过程会发现，梅花的审美价值其实经历了一个非常漫长的过程，这也是一个从实用到审美的发展过程。

从《尚书 · 说命》所云“若作和羹，尔惟盐梅”，和《诗经 · 召南 · 摽有梅》所云“摽有梅，其实七兮”，可以看出，在远古时期，人们看重的是梅的果实的“滋”和“实”，或者这样说，秦汉以前，人们说到梅花时，在意的只是它的果实和材用，并未言及其花。

魏晋时期，中国文化进入了“人的自觉”时代，人的生活、人的情感都受到了重视，人们的心灵越来越细腻，越来越敏感于自然物色的刺激，以往那些以实用性著称的植物，也开始被人们用一种审美的眼光去看待，梅花也不例外，包括牡丹、荔枝、海棠等花卉的审美价值，也是在这一时期才逐渐被人们认识和欣赏的。可以说，这一时期，梅花实现了它的从“实用”到“审美”的飞跃。但当时人们只是对梅花的开落感慨良多，如南朝宋鲍照《梅花落》这样感慨：“中庭多杂树，偏为梅咨嗟。问君何独然?念其霜中能作花，露中能作实。摇荡春风媚春日，念尔零落逐风飚，徒有霜华无霜质。”他感念、怜惜梅花随春风而落，表现自己才秀人微、饱受压抑之感。

中唐时，士大夫们丰富的文化生活推进了梅花的审美活动，再加上“安史之乱”以来士人因仕宦、贬谪南方的越来越多，江南地方文人渐趋活跃，感物咏梅之作也日趋增多。南宋诗人杨万里称“唐之李、杜以来咏梅始盛”，但实际上，这只是一个笼统的说法，杨万里所说“李杜以来”指的是李白和杜甫所处的时代，而非实指李、杜二人。当然，李白诗歌中涉及梅花意象的有不少，杜甫对梅花着笔也较多。

宋代承唐之势，咏梅诗词数量大幅增加，特别是北宋中后期，梅花越来越受到人们的重视。宋人笔记中记载，宋徽宗年间，晁冲之、宋齐愈、陈与义等人曾因咏梅作品为君主赏识，获超次擢拔。另有黄大舆的《梅苑》，“所录皆咏梅之作，起于唐代，止于北宋末南宋初，共十卷”“四百余阙”，集中反映了北宋后期人们对咏梅诗文的关注和欣赏。据考证，现存宋代咏梅诗词的总量是宋之前咏梅诗词总量的50倍。宋代梅花作品数量的激增，标志着梅花的审美特征越来越受到人们的关注，其地位也逐步走高。

特别是南宋时期，宋室南渡，政治、文化重心南移，梅花也因风土之利更得人气之旺，一时盛况空前。南宋词人刘辰翁《梅轩记》记述：“数年来，梅之德遍天下。余尝经年不见梅，而或坡或谷或溪或屋者，其人无日而不相遇也。往往字不见德而号称著焉，某梅也，即其人可知也。”大意是说，宋人爱梅痴醉，还喜欢将“梅”字用在自己的字号中。

南宋文学家范成大在其著作《范村梅谱》中这样记述时人对梅花的喜爱：“梅，天下尤物，无问智贤愚不肖，莫敢有异议。学圃之士，必先种梅，且不厌多。他花有无多少，皆不系重轻。”

南宋后期，理学家更是赋予了梅花“清气”，进一步深化梅花的品格、道德意义，至此，梅花作为文化象征符号已趋于成熟。自宋之后，梅花审美心理意象也没有太大的变化了。

赏梅领略高雅，赞梅收得精神

中国古代文人对梅花情有独钟，视赏梅为一件雅事。

清代画僧普荷有诗云：“无事不寻梅， 得梅归去来。 雪深春尚浅，一半到家开。”古人赏梅，是慢生活，要先“寻”，再“得”，后“归”，一样一样慢慢来。慢了，就有美感了。

赏梅，要懂旷野风雪中的梅风骨才好。雪天赏梅，有冷方得真味。“触目横斜千万朵，赏心只有两三枝。”能爱上三两枝，已非常幸运。生活亦是如此，诚如南宋诗人方岳诗云：“不如意事常八九，可与语人无二三。”求不得十分圆满，倘得二三快事二三知音，已属幸运。

赏梅宜入心境，人与梅花一样清。要凭寄深情，必得去探寻那梅花开放地，到现场去，趁早去。

南宋诗人张道洽《访梅》诗云：“梅花欲放绕溪行，隔水香来分外清。拄杖过桥寻欲遍，竹林疎处数花明。”梅花乃雅物，赏品之外，有探有访方得真趣。但若赏梅不遇，探得一二春消息，一样是入乎心境，别有一番收获。

其实，赏梅的境界主要在眼观、心悟，而不在折枝回来。

梅的香是冷香，是迸发之香，是缭绕之香，是生命之香，不容亵渎，只消细细地注视，静静地闻嗅。这种境界，是天地间的知音相遇，清风中的高山流水，它在你心里，你在它境中。

梅的香是天地间的诗，它是宁静的，也是浪漫的。有了一树的梅，院子生动了，浸染无限妖娆的风姿；有了一坳的梅，环山灵秀，平添几番深蕴的内涵。

一处有梅数里香，在冰天雪地里，捧出一颗芬芳的心，这需要怎样的情怀？在天地最清寂的时候，在人心最失落的当口，为寂寥含苞，为苦痛绽放。没有大格局的人，看不透梅的这种大胸怀。

不待东风第一枝，我自开花便不同。一地冷月因梅香富有柔情，几番风雨因梅树窥见韵脚，所以赏梅即是访心。

古人对赏梅的情景也十分讲究。宋朝张功甫写了一篇《梅品》，阐述如何欣赏梅花；据《梅品》记载，赏梅最好在淡阴、晓日、薄寒、细雨、轻烟、佳月、夕阳、微雪、晚霞、珍禽、孤鹤、清溪、小桥、竹边、松下、明窗、疏篱、苍崖、绿苔、铜瓶、纸帐的环境下，而在林间吹笛、膝下横琴、石枰下棋、扫雪煎茶、美人淡妆簪戴等情景里赏梅，则更富有诗情画意。后人将《梅品》中所述赏梅之道，称之为“赏梅二十六宜”。

更平实而具体地说，古人对梅花的审美，是从“梅花自身形态之美”“梅花与其他景物组合共造意境之美”和“梅花生发的精神之美”三个方面展开的，以梅花之美叩开自我心扉，从而陶冶情操、涵养心境。

梅花自身形态之美

梅花自身的形态美，可以从色、香、形、韵、时五个方面体现。

先说梅之“色”。

梅花花色繁多，有紫红、粉红、翠绿、淡黄、纯白等。其花开红似丹霞、绿似翡翠、白如碧玉；红的热烈，白的纯洁，黄的高雅，紫的坚贞，绿的盎然。花开清香四溢，花色美不胜收。

在各色梅花中，古人对白梅情有独钟。白梅花开似雪，在层冰积雪之时，绽蕊怒放，梅雪辉映，冰清玉洁，超凡脱俗。诚如古人诗云：“雪树元同色”“不知近水花先发，疑是经冬雪未销”“试摇枝上雪，恐有夜来花”“云来去，数枝雪”“冰花个个团如玉，羌笛吹它不下来”“梅须逊雪三分白，雪却输梅一段香”……这些诗句或言梅色同雪，或疑梅为雪，从不同角度叹赏梅花的莹洁无瑕。

红梅艳而不俗，妩媚可人，亦受人们喜爱。苏轼有《红梅》诗三首，其一诗云：“怕愁贪睡独开迟，自恐冰容不入时。故作小红桃杏色，尚余孤瘦雪霜姿。寒心未肯随春态，酒晕无端上玉肌。诗老不知梅格在，更看绿叶与青枝。”诗以醉酒少女拟写红梅，构想精妙绝伦，成为咏红梅的绝唱；雪里红梅，也成为历代画家的必选题材。

其次说梅之“香”。

梅花的香味是略带寒意的冷香，寒而不俗，清而有韵，幽而有格。如此清逸幽雅、别具神韵的梅香，历代文人雅士叹咏不已。诸如“朔吹飘夜香”“香侵泛水苔”“静爱寒香扑酒樽”等诗句，叹赏的是梅花的冷香特质。

梅花的清幽之香让人难以捕捉却又时时沁人心脾、催人欲醉。“天与清香似有私”“风递幽香去”“清香无以敌寒梅”“一夜吹香过石桥”“欲托清香传远信”“着意寻香不肯香，香在无寻处”“香闻流水处，影落野人家”……此类诗句则生动地描写出梅花的清幽之香。

古人以其细腻、微妙而丰富的审美感觉浮想联翩，将嗅觉转化成视觉、味觉或触觉，于是有梅香的“孤”“暗”“酸”乃至“冷”之说。有诗为证：“孤香粘袖李须饶”“暗香浮动月黄昏”“一点酸香冷到梅”。

宋朝理学家朱熹将醉人心魄的梅香，称为“真香”。

探梅时节，微风阵阵掠过梅林，若徜徉在花丛之中，定有浸身香海、通体蕴香的感觉。

接着看梅之“形”。

梅树皮黑而多糙纹，其老干虬曲苍劲，其新枝清癯挺拔，有的曲如游龙，有的披靡而下，呈现出一种很强的力度和线的韵律感。

◎《梅雀图》 清代 任伯年

古人认为“梅以形势为第一”，即形态和姿势。梅的形态有俯、仰、侧、卧、依、盼等，姿态分直立、歪斜、曲虬等。

古人又用“疏”“瘦”“古”三个字来概括梅的形。

“疏”不仅指出梅花的疏密程度，而且与中国人“触目横斜千万朵，赏心只有两三枝”的审美习惯相一致。“疏影横斜水清浅”“疏枝横玉瘦”等诗句即言梅形清疏之美。

“瘦”也是中国人崇尚的一种美，这个“瘦”不是“面黄肌瘦”的“瘦”，而是瘦骨清相、劲健内敛、逸韵风怀之品格。诸如“蕊寒枝瘦凛冰霜”“尚余孤瘦雪霜姿”说的都是疏梅瘦影之美。

梅树的寿命很长，一般要活三五百年，甚至千年以上。“古”则指梅树历数百年风欺雪侮而产生的“柯如青铜根如石”的刚强与坚毅之美。古到极致，老干虬龙，欲腾空而起。如“铁干铜皮碧玉枝”“他年长就铁龙干”“气结殷周雪，天成铁石身”等诗句都是描述梅枝曲虬、苍劲之美。

然后说梅之“韵”。

南宋文学家范成大在《范村梅谱》中说：“梅以韵胜，以格高，故以横斜疏瘦与老枝怪石着为贵。”在诗人或画家笔下，梅花的形态总离不开横、斜、疏、瘦四个字，所以赏梅又有“四贵”之说，“贵稀不贵密，贵老不贵嫩，贵瘦不贵肥，贵含不贵开”，此又谓之“梅韵四贵”。

最后说赏梅之“时”。

赏梅须及时，过早，含苞未开；迟了，落英缤纷。古人认为，赏梅以“花是将开未开好”，即梅花含苞欲放之时为最佳。所以又有“探梅”之说，“探”字即说明了赏梅的时节很重要。

梅花与其他景物组合共造意境之美

中国人在创造梅花美学时，除体现梅花自身的形态美之外，还借助与其他景物的组合，创造更丰富、更广阔的意境之美。所谓意境，即是由客观景物的诱发而在人们心中产生的景象。物以类聚，与梅花组合的景物往往也是超脱不凡。不凡之物相和，自是有不凡气象、不凡意境。

梅花与水组合。水是生命之源，“智者乐水”“山无水而不活”。梅花开时，溪水浅而清，与高洁、疏瘦的梅花有一致的审美意向。在清亮柔缓的溪水映照下，梅花更加坚劲突出。正所谓“水边篱落忽横枝”，又所谓“春来幽谷水潺潺，的皪梅花草棘间”。

梅花与石组合。石为大地之骨，其坚贞、刚硬与梅花同格。巨石为崖，将梅花置于幽崖空谷之中，意境更加清幽，气势更为宏大。所谓“又道寒岩放早梅”“幽崖斑白点疏条”“已是悬崖百丈冰，犹有花枝俏”。

梅花与雪组合。雪是严寒的使者、纯洁的化身，因白雪与白梅在色彩和形状上非常相像，诗人常以此抒发情感。有时故意将雪、梅两者相混淆，如“冰雪林中着此身”“梅花欢喜漫天雪”“雪处疑花满，花边似雪回”“似雪是花花似雪，梅花又向雪中开”。有时又让梅、雪进行比赛，如“梅须逊雪三分白，雪却输梅一段香”，这样，雪与梅的关系就显得既紧密又风趣了。

梅花与月组合。月下梅花，是流传了千年的浪漫意象。一株苍虬有劲的梅花，在月下静静地绽放，月映梅影，暗香浮动，美极！正所谓“一枝清冷月明中”“梅花得月更精神”，又云“庭空月无影，梦暖雪生香”。

梅花与松竹、水仙等植物组合。梅与“凌风知劲节，负雪见贞心”的松、“凌霜雪、节独完”的竹合称“岁寒三友”，它们聚首，当是情理中的事了。有诗云，“松篁晚节应同操”“自是岁寒松竹伴”，“予交三君子，气韵各有适，及其风雪中，同凛岁寒色”。而开花早于桃李晚于梅的水仙，以其凌波仙骨与梅花气味相投，所谓“一树梅花伴水仙”也是极美。

梅花与鹤、雀等鸟禽组合。“羽毛似雪无瑕点”的白鹤，因林逋“梅妻鹤子”的佳话，而与梅结下不解之缘：“花落不随流水去，鹤归常带白云来”“笑问梅花肯妻我，我将抱鹤家西湖。”为了表现天寒地冻的程度，歌颂梅花凌寒不惧的品质，文人墨客又常以寒禽的畏缩哆嗦进行反衬，产生妙趣横生的效果，所谓“霜禽欲下先偷眼”“翠羽亦有心，忍冻先偷眼”。

梅花生发的精神之美

在中国，凡言及梅花，总能引发人们的种种联想，先进入脑海的往往不是其物质形态，而是那坚贞不屈、高雅不凡、刚毅圣洁的精神状态。凌风傲霜，凛然傲骨，坚强无畏，正是中华民族精神之根本。也正因如此，梅花成为百花中的“花魁”。

也可以这样说，当梅花入了诗入了画，它就不仅仅只是一种花卉，更是一种品格的象征，一种精神的寄托。

梅花耐寒。试看天底下，在冰天雪地里，能够迎着刺骨寒风盛放的鲜花，还有哪个？唯有梅花。梅花不怕严寒，甚至它就是伴着寒冷长大的“寒冷之子”。坚强勇敢，忍耐力极强，并且努力绽放，这样的品格，于人生应是最好的启迪。

梅花简朴。梅花绽放时，不要春风拂面，不要暖阳高照，不要莺歌燕舞、蜂闹蝶飞，不要雨露滋润、绿叶陪衬，甚至也不需要人们关照。它就是它，本来如此，本然而已，想开就开，要放就放，简简单单，明明了了。如此胸怀坦荡，朴素处世，正是成大事者必备的基本品德。

梅花独立。梅花在万物肃杀的隆冬开放，它不随俗流，特立独行，自强自立。这样的花，这样的独立精神，值得人们尊敬。人，只要有了这种独立的精神和自在的灵魂，无论何时何地，都不会随波逐流，失去自我。

梅花勇敢。梅花的勇敢，表现在它特立独行的气质，表现在它不惧严寒的胆略，表现在它凌霜傲雪的意志，表现在它不屈不挠的性格，表现在它坚强挺拔的风骨，表现在它敢为人先的勇气。梅花默默无言，全无傲气，但它有铮铮傲骨，敢作敢当，以其独特的品格，塑造了一副勇敢者的形象。

梅花高洁。细观梅花的花瓣、花蕊，由不得令人震惊：梅花精神抖擞，冰清玉洁，仿佛是用冰雪风霜精雕细镂而成。它们来自尘世，但绝没有尘世的污垢；它们生在凡间，但绝没有被凡间杂染。它们的品格是那么纯洁，它们的心地是那么洁净，它们的境界是那么高远，它们像处子、像天使、像圣灵，在寂寥荒凉的冬天，悠悠然、坦荡荡绽放在人间。

梅花乐观。所谓乐观，就是在困难的时候，能看到光明；在最糟糕、最无奈的情况下，也能保持积极向上的良好心态，不被不利的环境改变，不为艰难的处境所屈服。而梅花，就具有这样的气质。可以说，只要有了这种乐观精神，人生就能顶风冒雪，愈挫愈勇，负重前行。

梅花香艳。梅花不但清香，而且美艳。它的清香，是发自骨髓里的香，是发散于全身的香，是幽幽暗来的香，是传之久远的香，是无遮无掩的香。它的美艳，是纯洁秀丽的艳，是绚丽灿烂的艳，是激情洋溢的艳，是谨慎内敛的艳，是高贵脱俗的艳。它在清冷寂寞的三九寒天，用香艳装扮了世间。

中国人爱花，爱牡丹之富丽、荷花之娇艳、兰花之洒脱，更爱梅花之冰清玉洁、清香淡雅。爱它“欲传春消息，不怕雪埋藏”的坚贞不屈，爱它“万花敢向雪中出，一树独先天下春”的卓尔不群，爱它“清香传得天心在，未话寻常草木知”的高洁傲然，也爱它“不要人夸好颜色，只留清气满乾坤”的淡然高远。

当人们在梅花下抬头凝望，看到的绝不仅是它清新飘逸的花瓣，更是几千年来积淀于这片土地上的中国梅文化。

中国文人的梅花情结

梅花的风雅

汉代刘向所著《说苑》中记载，春秋时期越国使节出使梁国，手执一枝梅花作为见面礼，向梁王致意。大概当时中原一带梅花尚属稀有，所以会千里迢迢带去作为礼物，但由此亦可见越人之风雅。

我们更熟悉的赠梅典故来自南北朝诗人陆凯。他行走于江南梅岭间，见梅花开，忽忆长安好友范晔，便折梅一枝，托驿使送去，并附纸赠诗云："折花逢驿使，寄与陇头人。江南无所有，聊赠一枝春。"这份情意，真是温暖至极、浪漫至极。

要说浪漫，清代文人李渔在《闲情偶寄》中描绘的明人早春赏梅的情景也是足够浪漫了：在山中，搭起帐篷，三面为实一面为虚，帐中设炭火，既可取暖又可温酒。在园内，设纸屏数扇，覆以平顶，四面设窗，尽可开闭。这么精细而又隆重的准备意欲何为？为了观赏梅花！山中饮酒赏梅，园里开窗对花，既美又雅，而生活，岂不是本该如此？！

李渔还说："若以次序定尊卑，则梅当王于花。"诚然，梅花以其娇艳的花色、清幽的芳香、绰约的风姿，自古以来深受文人雅士的青睐。人们赋予梅花美好的名称，或称其为“雪中高士”，或与兰、菊、竹并誉为“四君子”，或与松、竹并称为“岁寒三友”。种梅、育梅、赏梅、画梅、爱梅成为文人雅士的一种独特喜好，也产生了诸多与梅有关的典故、习俗和物件。

梅花是妙不可言的尤物

古人对梅的认识，在《诗经》里已有体现。汉代时，汉武帝的上林苑已栽植有多种梅树。宋代时，街市上卖梅花，以梅插瓶已十分普遍。南宋《群芳备祖》、明《群芳谱》、清《广群芳谱》，均推梅花为群花之首；中华民国时，曾将梅花定为“国花”；在1987年上海举办的全国性传统名花评选中，梅花名列榜首。可见，梅花得到了古代文人雅士的喜爱，也受到了现代人们的追慕。

梅作为审美意象而大量出现在诗词歌赋里，始于六朝。南朝梁简文帝萧纲在《梅花赋》中将梅花早落比作女子青春短暂，韶华易逝；更多的六朝文人则在作品中表达了对梅在三春花卉中独特品性的挚爱。在唐朝文人的笔下，梅花具备了更多更广的意向和精神内涵。诗人们述离别、念故乡、咏美人，无不将自己的感情融入梅花之中。南宋时，梅花成为“天下尤物”，文人咏梅风更盛。在文人大量创作诗词作品的同时，从宋代起画梅也形成了一种独立的画科，杨无咎、赵孟坚、王冕、陈录、金农等画梅大家的佳作，或墨色淡雅，或气韵静逸。

古代文人赞赏梅花是从外表至骨髓的，他们投射在梅花中的雅趣，从颜色、香味、姿态到风骨神韵，既体现了梅花的精神气质，

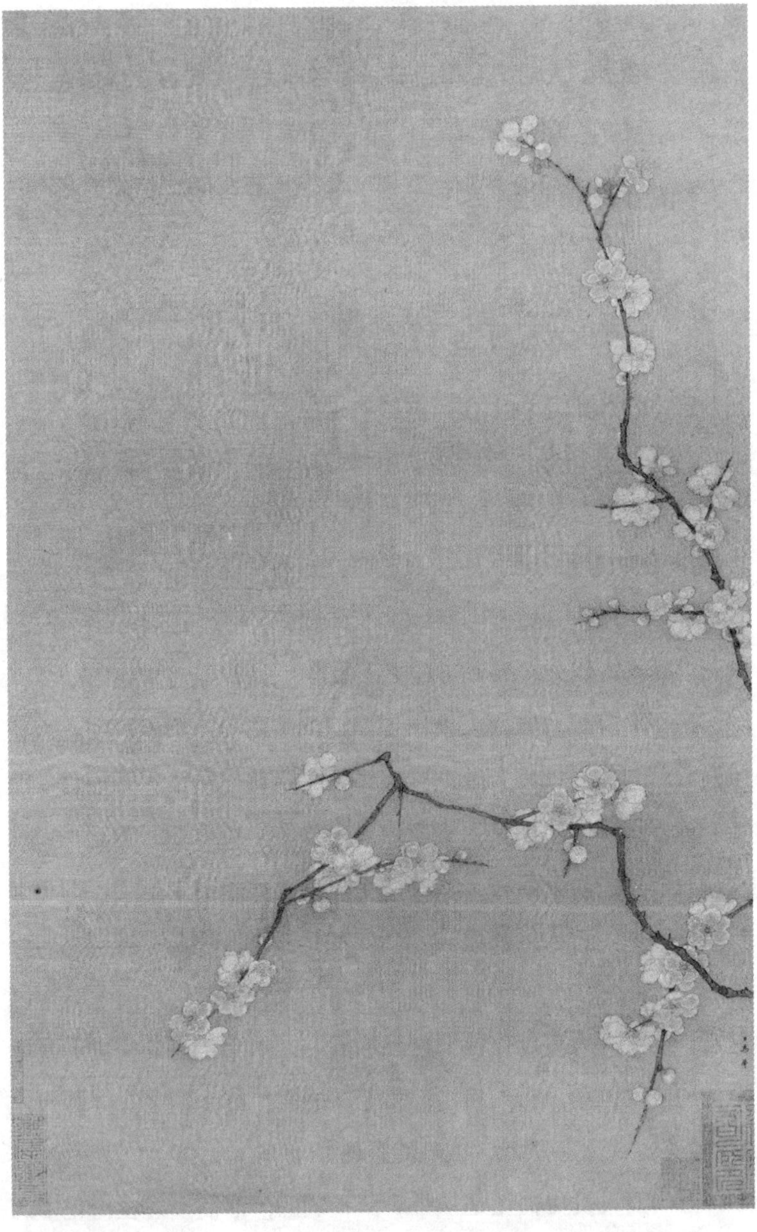

◎《层叠冰绡图》 南宋 马麟

又寄寓了个人的思想情感。

梅花最常见的是白、红两色。相较而言，人们似乎更赏识白梅。诗人们赞曰："冻白雪为伴，寒香风是媒""遥知不是雪，为有暗香来""缟裙素帨玉川家，肝胆清新冷不邪"。白梅，冰清玉洁，幽淡雅丽，冷香素艳，高清逸韵，给人以更多美好的联想。

当然，赞赏红梅的文人也为数不少，如李清照词云"红酥肯放琼苞碎，探著南枝开遍未"，姜夔词云"遥怜花可可，梦依依，九疑云杳断魂啼。相思血，都沁绿筠枝"，他们在红梅身上，寄托了一种刻骨铭心的相思情。

另外，梅花还有淡红、水红、紫白等色。有文人曾为诸梅品第，首推绿梅：青枝绿萼，花瓣白中泛绿，甚是雅丽。

"梅花香自苦寒来"，要闻到梅花香味不易。"朔吹飘夜香，繁霜滋晓白""雪含朝暝色，风引去来香"，只有在清晨或黄昏幽静的环境下，凛冽的寒风将梅香吹散到四面八方，人们才能感受到梅香的清馨、悠长。"夜闻梅香失醉眠"，古人对梅香的细腻感受，更多是诗意的，以其渲染精神境界的深远。

梅花三气最宜人

古人赏梅，还特别欣赏它盘曲的虬枝老干。清人龚自珍总结说："梅以曲为美，直则无姿；以欹为上，正则无景；以疏为美，密则无态"。梅的枝条横斜曲折，清香古雅，极富观赏之趣。尤其是古梅，枝干龟裂，布满苔痕，仿佛一个饱经风霜的老人，但苍劲树干上依旧发芽开花，花朵依然散发沁人心脾的清香。疏影参差、横伸斜屈的老梅新枝，既具有独特的气质美和韵味美，又蕴含着一种积极的精神力量，藏着人们所追求的理想生活的影子。

梅花之所以备受人们青睐，大抵也正因此。它天质至美，韵逸香清，它不畏严寒，在众芳摇落之时，与松、竹为友，凌寒独开。而到了春天百花齐放之时，却又无意与其他花卉争妍斗艳。这种在逆境中不屈不挠、自强不息，在顺境中不媚于俗、超然物外的崇高品格和高贵气节，正是历代文人雅士所追求的君子人格的生动写照。

概括地说，中国文人为何会有梅花情结，只因他们在梅花身上捕捉到了能使他们心胸更为开阔、生命力更为顽强的“梅花三气”：骨气、生气与清气。

坚贞不屈的气节谓之“骨气”，乃道德意志之守正不移，精神品质之刚直不阿。南宋著名诗人陆游，一生坚持抗金，虽受主和派的压制，但其收复中原的信念始终不渝。陆游爱梅，认为百花之中梅花品格当属第一，他其实是将梅花凛然开放于风雪之中的高坚气节，作为自己平生追求的理想。

先春而发的生机谓之“生气”，乃古梅生命之老而弥坚，新梅肌体之生生不息。北宋大文豪苏东坡被贬黄州，路上见山坡上傲寒绽放的红梅，写下“灼烁梅花草棘间”的诗句，歌颂梅花蓬勃的生命力与傲然不群的品格，鼓励自己淡然承受人生的风霜刀剑，迎接春天的来临。

高雅不俗的品格谓之“清气”，乃心性品质之朴素纯洁，情趣风度之高雅超脱。北宋著名隐士林逋，生于盛世却淡泊名利，终生不曾为官，隐居西湖孤山，不娶无子，而以梅为妻、以鹤为子。他的《山园小梅》一诗，将幽静环境下的梅花清影和神韵写绝了，其中“疏影横斜水清浅，暗香浮动月黄昏”两句，成了咏梅的千古绝唱。

了解了“梅花三气”，再来看中国古代文人学士，这个历朝历代所有阶层中最特殊的一个群体：他们是中华文化的继承者和传播者，有的虽身居高位，但性情直率，动辄得罪权贵，被贬谪出京；有的看破红尘，归隐山林，著书立说；有的为生活奔波，粗衣淡饭，备尝辛苦。孤烟大漠，西风古道，塞外高原，江南烟雨，流水小桥，名山大川，街头巷陌，青楼别院，他们的踪迹无处不在。但无论在庙堂之上，或在江湖之远，不管历尽多少风霜雨雪的打击，受到怎样的磨难，他们从来都顶天立地，不肯低头折节，不失君子之风，而且还用坚韧不拔的毅力，开创独属于自己的一片风景，绽放清香。

他们与梅花多相似，或者说，挺立风雪吐芬芳、坚贞高洁一枝春的梅花多像他们。他们诗文里或他们思想里那浓得解不开的梅花情结，岂不就是他们艺术的化身、灵魂的再现和自我的写照。

中国最美赏梅胜地在哪里

中国赏梅名园多

中国民间素有梅具“四德”“五福”的说法。

所谓“四德”，即：初生蕊为元，开花为亨，结子为利，成熟为贞。大意是说，梅花生蕊含苞代表万象更新，花开代表事事亨通，结子代表处处有利，成熟代表一生圆满。

所谓“五福”是说梅花通常有五个花瓣，五瓣象征五福，一曰寿，二曰富，三曰康宁，四曰修好德，五曰考终命。又或者说，花开五瓣分别代表着福、禄、寿、禧、财五个吉祥神。在今天，“梅开五福”也有象征快乐、幸福、长寿、顺利、和平之意。

正因此，梅花素为人们所钟爱，有“天下尤物”之美誉。人们赏梅，或喜其清香，因为“香中别有韵”；或爱其洁心，冰肌玉骨出凡尘，仙姿绝伦有如世外高人；或好其风采，分明是“雪满山中高士卧，月明林下美人来”；或歌其品质，“凌厉冰霜节愈坚”。

神色味姿俱佳的梅花，也是中国园林中的特色树种之一。

为欣赏以韵胜、以格高的梅花，中国人特意造了一些以栽植、欣赏梅花为主要功能的专类园，一般称为“梅园”或“梅苑”。花开时节，满园梅景灿烂如霞，犹如一个香雪海。

中国古代就曾出现许多赏梅胜地，如宋代陆游有梅花诗云：“二十里中香不断，青羊宫到浣花溪。”明代冯梦祯《西山看梅记》记载：“武林梅花最盛者，法华山上下十里如雪。”现如今，中国赏梅名园更多，如南京梅花山梅园、武汉东湖磨山梅园、无锡梅园、上海淀山湖梅园、苏州光福镇香雪海梅园、成都杜甫草堂梅园、青岛梅园、广州流溪河梅园、陕西宁陕子午梅苑等，有的以花梅取胜，有的以果梅为主。

且来看一下中国最美赏梅胜地。

南京梅花山梅园

南京梅花山梅园，中国“四大梅园”之一，亦居“四大梅园”之首。

梅花山位于江苏省南京市玄武区紫金山南麓明孝陵景区内，是钟山风景名胜区重要组成部分，也是中国著名的风景游览胜地。南京梅花山有“天下第一梅山”“中国第一梅花山”之誉。

南京植梅始于六朝时期，相沿不衰，至今已有 1500 多年的历史。如今的梅花山梅园，始建于 1929 年，植梅面积约 1 平方千米，有近 400 个品种的 4 万余株梅树。

每年春天，梅花山的万株梅花竞相开放，层层叠叠，云蒸霞蔚，繁花满山，一片香海。

武汉东湖磨山梅园

武汉东湖磨山梅园，又称“东湖梅园”，中国“四大梅园”之一，也是中国梅花研究中心所在地。

东湖梅园位于湖北省武汉市东湖风景名胜区磨山景区南麓，创建于 1956 年，目前面积已扩大到约 0.8 平方千米，建有目前世界上最大的梅花资源圃，培育种植珍贵梅树品种 320 余个，定植梅树 2 万余株；其中已进行国际登录的品种有 152 个。

◎《梅茶山雀图》（局部） 明代　朱竺

东湖梅园三面临水，回环错落，自成一体，周围有劲松修竹掩映，蔚然又成一道“岁寒三友”景观。年年早春时节，梅花盛开，繁花似锦，暗香四溢，前来赏梅、咏梅、画梅、摄梅的中外游人络绎不绝。

无锡梅园

无锡梅园，中国“四大梅园”之一。

无锡梅园位于江苏省无锡市西郊的东山和浒山南坡，南临太湖，北倚龙山。中国近代著名民族资本家荣宗敬、荣德生兄弟本着“为天下布芳馨”之宏愿，于1912年在此购地筑园，倚山植梅，以梅饰山，称为“梅园”。

梅园内有以梅文化为主题的梅花景区，有洗心泉、天心台、念劬塔、诵豳堂、读书处等众多的人文古迹；又有集天下古梅与奇石于一体，结合中式园林建筑的古梅奇石圃，内有中国唯一的梅文化博物馆、岁寒草堂、冷艳亭等建筑，徜徉其间，可以了解梅花的科普知识，领略博大精深的梅文化，感受梅花人格化的精神。

上海淀山湖梅园

淀山湖梅园，中国“四大梅园”之一。坐落在上海市青浦区淀山湖风景区内，是20世纪80年代建造的一处大型风景区，经过多年的扩建，现已成为上海最大的赏梅胜地。

淀山湖原名薛淀湖，有“东方日内瓦湖”之誉，上接阳澄湖，西通太湖。

淀山湖梅园占地约 0.127 平方千米，植梅 5000 多株，品种有 40 多个。其中有绿萼、朱砂和骨里红等名梅，更有不少百年以上的古梅。园内四周是一组江南仿古建筑，配以奇花异卉、古树秀竹，别具幽雅情调。梅园里有座冷香亭，在此能独赏一株珍贵的“银红台阁”老梅。每年 3 月上旬春寒料峭之际，红、白、绿各色梅花竞开，暗香浮动。

园内还建有运用中国传统园林艺术再现的红楼胜景——大观园。大观园中各个景点的植物配置非常讲究，是按照小说《红楼梦》的意境进行设计的，别有一番风趣。

◎《红梅孔雀图》 时代不详 佚名

苏州光福镇香雪海梅园

香雪海梅园位于江苏省苏州城西的光福镇邓尉山，江南著名的赏梅胜地。远在西汉时就开始种梅，梅树成林。梅花开时，呈现出“香雪海”的迷人景致，素有“十里香雪海”之誉。

邓尉山的梅花，在清朝康熙年间已赫赫有名。当时的江苏巡抚宋荦巡游于此，见大片白梅开满山坡，似覆了一层白雪，花光映照，暗香浮动，蔚为壮观，宋荦便即景题词，在梅林边的山崖上题了“香雪海”三个大字。据史料记载，康熙帝南巡时曾数度观邓尉山梅花，乾隆皇帝也曾多次进邓尉山探梅，这就使“香雪海”成了江南梅苑中的一个“宠儿”。

园内梅花品种繁多，以千叶重瓣白梅为主，另有红梅、绿梅、紫梅、乌梅等，享有“香雪梅花甲天下”之誉。

成都杜甫草堂梅园

杜甫草堂坐落于四川省成都市西门外的浣花溪畔，是中国唐代大诗人杜甫流寓成都时的故居。杜甫先后在此居住近四年，创作诗歌240余首。今天的草堂占地面积近约0.2平方千米，仍完整保留着明弘治十三年（1500年）和清嘉庆十六年（1811年）修葺扩建时的建筑格局，建筑古朴典雅，园林清幽秀丽。

草堂西北角有一梅园，占地数十亩，有塔有桥有湖，翠竹掩映，梅意盎然。草堂博物馆每年冬春交际间会举办梅展。“人日游草堂”是成都市民春节期间的重要活动，每年农历正月初七，人们来杜甫草堂凭吊“诗圣”，吟诗赏梅以祈福。

◎《缂丝花卉册之梅花》 明代 佚名

有人如此称誉杜甫草堂梅园："成都到处有梅，杜甫草堂的梅最有梅意。"

青岛梅园

青岛梅园位于山东省青岛市李沧区十梅庵村东南侧，始建于 20 世纪 90 年代初，占地 0.54 平方千米，现有梅花 1 万余株，200 多个品种，梅花盆景 2000 余盆。梅园内观赏品种主要有"绿萼""朱砂""江梅""美人梅""银边飞朱砂""桃干小宫粉""崂山宫粉""淡丰后""崂山白"等。

青岛梅园是中国北方最大的梅花园林基地和中国重点梅花繁殖、栽培、研究基地。1998 年 7 月被农业部（今农业农村部）命名为"中国梅花之乡"，同时也是青岛市民早春踏青的必游之地。

广州流溪河梅园

流溪河梅园，位于广东省广州市郊从化东北部的广州流溪河国家森林公园内。梅园占地约 2 平方千米，梅树始种于 20 世纪 60 年代，除种植的白梅品种外，还有较罕见的新品种"洒金梅"。

流溪河梅园的梅花，开放时间早于中国其他各地的梅园，被誉为"中华梅花第一弄，南国报春第一枝"。每年元旦前后数十天，是梅园的赏梅期。

梅园中最美的一片在公园东面的南山瀑布附近，面积约 0.2 平方千米。梅花盛开时，徜徉梅花间，清冽寒风中透出的幽幽花香扑鼻而来，清新微甜。漫山遍野如白雪纷飞，与山下湛蓝的湖水相互映衬，美不胜收。这就是闻名的“流溪香雪”。

陕西宁陕子午梅苑

子午梅苑位于陕西省宁陕县梅子镇安坪村境内，在秦岭南麓子午河河谷东侧山坡上，毗邻引汉济渭三河口水利枢纽，是引汉济渭大生态人文、自然和工业旅游景区的重要组成部分。该梅苑由引汉济渭公司规划、宁陕引汉济渭开发有限公司建设。

子午梅苑占地约 0.08 平方千米，现有梅类约 1 万株，有 80 多个品种，如江梅、雪梅、寒红梅、粉皮宫粉梅、虎丘晚粉梅、粉妆台阁梅、粉羽梅、三轮玉蝶梅等，是北方少有的梅花专类园。

梅苑内丰富的梅品种片状群落栽植，花期有别，次第开放；梅林间木栈道蜿蜒，沿着栈道可穿游“青梅细雨枝”“青梅结子时”“手摘青梅小”“青梅煮酒”“青梅落”等景观区。梅苑外有大片竹林环合，形成蔚为壮观的绿色背景。近赏梅花，远眺竹海，若再温一壶梅苑精酿的“梅子熟了”酒，和二三知己对饮闲话，不亦美哉，不亦快哉！

第二章

梅花是我，我是梅花

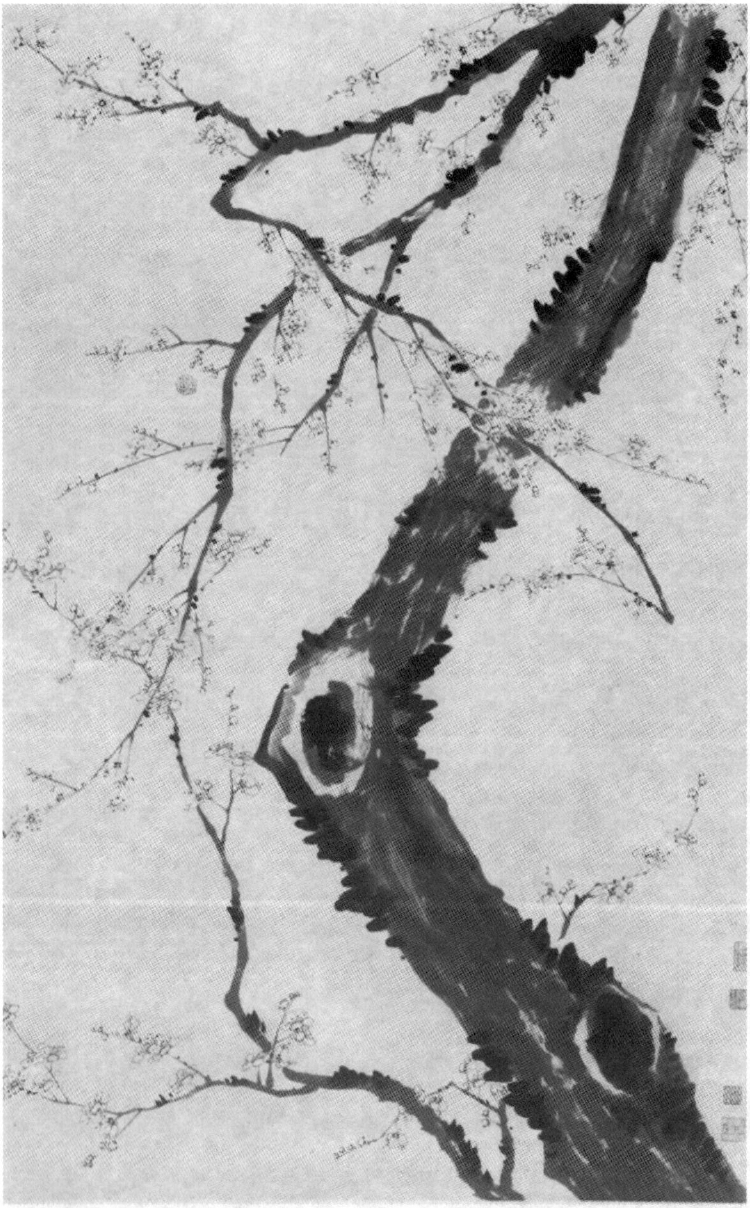

◎《梅花图》 清代 金农

青梅煮酒看云去

人们提及“青梅煮酒”，总会想到《三国演义》中曹操、刘备“青梅煮酒论英雄”的故事。

话说一代名将吕布在下邳城白门楼下殒命后，曹操大犒三军，班师回许昌，刘备同往。在许昌，刘备住在曹操丞相府左近的宅院里。彼时刘备势孤力寡，和曹操为邻，不啻羊伴虎睡，为了不遭曹操猜疑不惹杀身之祸，刘备假装不关心天下大事，每日在家种菜。

这天，刘备正在后园浇菜，许褚、张辽带着数十人闯入园中，说是请刘备去见曹操。如此兴师动众地来“请”，刘备心下惊慌，又不敢不从。到了丞相府，曹操笑脸相迎，却又没头没脑地朝刘备丢来一句：“你在家做了大事呀！”刘备心虚，莫非和董承密谋杀曹之事败露？他面如土色，但并不应声。曹操上前捉住他的手，往丞相府后园走去，边走边缓缓说道：“你在家学种菜不容易呀。”刘备听此一说，这才心神稍安，回道：“闲来无事，种菜消遣光阴。”

丞相府后园小亭里，樽俎早已备好。曹操说：“我见枝头梅子青青，忽然想起征伐张绣时，路上缺水，将士们口干舌燥，我就使了一计，告诉他们前方有一大片梅林。众将士听闻有梅子可吃，口水直流，缓解了口渴之情。今日想来都还觉得是快事一件！恰又见梅子结得好，酿的酒也好了，就邀你来坐坐。”原来如此呀，刘备心神方定，遂和曹操对饮。

酒至半酣时，忽然阴云漠漠，看样子要来一场大雨。有个仆人说，天上好像有条龙在飞舞。曹操和刘备凭栏仰望，只见乌云翻涌，云形似龙。

曹操问刘备：“玄德可知龙有哪些神通？”

“这个倒不太清楚。”

曹操说：“龙，能大能小，能升能隐；大则兴云吐雾，小则隐介藏形；升则飞腾于宇宙之间，隐则潜伏于波涛之内。此时正值春深，龙乘时变化，如英雄春风得意纵横四海。玄德你游历四方，必然知道当今世上谁人可称英雄，请说说看？”

刘备回道：“我这肉眼凡夫哪里识得英雄？现今我能在朝中做官，还是靠着丞相您恩典关照。您要我来评说谁是英雄，真是难为我了。”

曹操并不理会，继续追问：“就算你不曾和那些英雄谋面，总也听说过他们的声名吧？”

刘备只好小心翼翼地说：“淮南袁术，他兵粮足备，应该可以称得英雄吧？”

曹操大笑：“不过似冢中枯骨罢了，我早晚要将他擒杀！”

“河北袁绍呢？袁氏四代有五人位居三公，门生众多，他现在又坐拥冀州，部下能士极多，他应该算得上英雄吧？”

曹操笑道：“袁绍色厉胆薄，好谋无断，干大事而惜身，见小利而忘命。他不是英雄！”

刘备又提了刘表、孙策、刘璋等人，曹操均摇头。

“张绣、张鲁、韩遂等人怎么样？”刘备又问。

曹操拊掌大笑：“此等碌碌小人，何足挂齿！”

“除此之外，我真不知道还有谁了。”

曹操说：“所谓英雄，胸怀大志，腹有良谋，有包藏宇宙之机，吞吐天地之志者也。”

“谁能当之？”刘备问。

曹操手指刘备，又指指自己：“当今天下，可称英雄者，只有你和我！”

听闻此言，刘备惊慌不已，唬得手中筷子都掉落地上。此时正好大雨落下，雷声隆隆，刘备俯身捡拾筷子，借此掩饰自己的失态，又说：“雷声大作，吓我一跳！”

曹操大笑：“大丈夫难道还怕打雷？”

刘备说：“就算是圣贤听到风雷声剧烈也会脸色有变，何况我这凡夫俗子，怎会不怕？”

曹操见刘备如此怯懦，料他以后不会对自己造成什么威胁，也就放心了。

这便是“青梅煮酒论英雄”的故事。

故事中提到了青梅，也提到了煮酒，但并无“青梅煮酒”的字样，只说是“盘置青梅，一樽煮酒”。由此或可见，青梅不过是佐酒之物，而“煮酒”，大抵也并非如今人所说取了盛酒的器皿加热温酒，很可能是古代的一种酒名。曹操其实已说得甚是明白：“适见枝头梅子青青……又值煮酒正熟，故邀使君小亭一会。”

梅子青青正可口，新酿的煮酒也熟了，邀你来聚聚。

北宋苏轼《赠岭上梅》诗云：“梅花开尽百花开，过尽行人君不来。不趁青梅尝煮酒，要看细雨熟黄梅。”其中“趁青梅尝煮酒”句，也是说得明白了，青梅是青梅，煮酒是煮酒，饮煮酒，品青梅，美哉！

宋人诗词中也有直言“青梅煮酒”的，如晏殊《诉衷情·青梅煮酒斗时新》：“青梅煮酒斗时新，天气欲残春。东城南陌花下，逢着意中人。”王安礼《潇湘忆故人慢》：“正绿影婆娑，况庭有幽花，池有新荷。青梅煮酒，幸随分、赢得高歌。”再如汪莘《甲寅西归江行春怀》：“绕屋桃花可得追，迎门犹有海棠枝。牡丹未放酴醾小，并入青梅煮酒时。”上述词作中，“青梅煮酒”是作为一种优美意象而出现，字里行间透露着风雅。

那么，可以用青梅煮酒吗？将酒盛在温酒用的器皿里，放几颗梅子，如煮茶那样煮一番，大抵是可以的。甘酸梅子入酒，酒也随之有了酸甜滋味。

更多时候，人们是用梅子泡酒，泡一些时日再饮用；或者饮酒时候，吃几颗青梅佐酒。比如南朝宋文学家鲍照《代挽歌》云：“忆昔好饮酒，素盘进青梅。”饮酒时品梅，于古人来说是一件雅事。

南宋诗人舒岳祥有诗云：“青梅成后少佳果，苦荬出来无好蔬。”也就是说，初夏，梅子青青时节，其他鲜果都比不上梅子可口。恰梅子味酸，具有解酒的功效，青梅佐酒真是再好不过。

青梅佐酒，边饮酒边吃青梅，这是吃法之一。

吃法之二，青梅蘸盐配酒吃。南宋陆游《山家暮春》可证：“苦笋先调酱，青梅小蘸盐。佳时幸无事，酒尽更须添。”

吃法之三，青梅蘸白糖佐酒。南宋杨万里《清明杲饮二首》诗云：“深著炉香浅著栝，栝行尽缓莫教催……雪藕新将削冰水，蔗霜只好点青梅。”蔗霜，白糖也。

如今人们说起“青梅煮酒”，大抵其意不在青梅亦不在煮酒，在于青梅煮酒所氤氲的闲情雅意也。二三良友，饮酒品茗，谈天说地，看云赏花，乐悠悠。

予生活二三闲情几分雅意，熙攘红尘便恬淡清新起来。

◎《梅花图》 清代　金农

为何“望梅”可“止渴”

《三国演义》有对“望梅止渴”的记述，但“望梅止渴”的典故，最初出处是南朝宋文学家刘义庆编著的《世说新语》。刘义庆不是普通文人，他是南朝宋武帝刘裕的侄子，长沙景王刘道怜次子。临川王刘道规无子，即以刘义庆为嗣子，袭封临川王，但他“为性简素，寡嗜欲，爱好文义”，著有《世说新语》《幽明录》等。《世说新语》是中国最早的一部文言志人小说集，书中记载了东汉后期到魏晋间一些名士的言行与逸事。

《世说新语》中说，“魏武行役，失汲道，军皆渴，乃令曰：‘前有大梅林，饶子，甘酸，可以解渴。’士卒闻之，口皆出水，乘此得及前源。”大意是：魏武帝曹操行军途中，找不到水源，士兵们都渴得厉害，行军速度越来越慢。曹操眼珠一转计上心来，他传令三军：“前面有一大片梅子林，结了很多果子，酸酸甜甜正好拿来解渴。”士兵们一听，嘴里都不由得流出了口水，精神大振，奋而前行，不久抵达水源。

和《三国演义》不同的是，《世说新语》所载“望梅止渴”，并未提及曹操征伐张绣。

张绣是谁？汉末群雄之一，慑于曹操兵师之威，曾两次投降曹操，但他也没少让曹操吃苦头。尤其是宛城之战，张绣打得曹操丢盔弃甲，曹操的长子曹昂、侄子曹安民、大将典韦都死于此战。

先不论“望梅止渴”故事是否发生在曹操征伐张绣期间，只说曹操所指的那片梅林，它在何处？

清代官修大型类书《御定渊鉴类函》中记载：“梅山在含山，曹操望梅止渴处。”清初沿革地理学家顾祖禹所撰《读史方舆纪要》中说：“梅山，（含山）县东南五里。山多梅树，俗传曹操行军，指梅林以止军士渴处也。”清朝文人胡士钰的《窦存》也记：“曹操行军至含山，军士皆渴，因指山上梅林，渴遂止。”

梅山，在今安徽省马鞍山市含山县城南郊，原名栖霞山，因“望梅止渴”的传说而更名为梅山。据说，三国后就有人在梅山建“止渴亭”，又名“望梅亭”。明嘉靖十八年（1539 年），止渴亭重修，和州知州胡永成在亭旁刻《止渴亭碑记》，记述建亭缘由及重修始末。在梅山主峰，还建有“望梅塔”，又称“梅峰塔”，清代重建时更名为“文昌塔”。这些在清康熙《含山县志》中都有记载。

望梅止渴，望的是什么梅？

有人说是青梅，也有人说是杨梅。

青梅是梅子的别称，属蔷薇科，是果梅树结的果，果子色青。杨梅，属于杨梅科杨梅属小乔木植物，李时珍《本草纲目》中说“其形如水杨，而味似梅”，其果鲜红。青梅、杨梅都性温味甘酸，并且两者的鲜果都可直接食用，也都可用来泡酒。这就难怪长久以来人们因“望梅止渴”一词中的“梅”所指何梅而产生分歧。

不过，北宋政治家、科学家沈括认为，曹操所说的梅，是青梅，而非杨梅。《梦溪笔谈》记载：“吴人多谓梅子为‘曹公’，以其尝望梅止渴也。”也就是说，在古代，江浙人给青梅取了个雅号叫“曹公”，只因曹操曾以梅为介振奋士气。

说“望梅止渴”望的是青梅，还有一个原因，那就是可以和“青梅煮酒论英雄”的故事联系起来。《三国演义》第二十一回明明白白写道，在丞相府后园小亭里，“盘置青梅，一樽煮酒”，曹操、刘备“二人对坐，开怀畅饮”。

为何“望梅”可以“止渴”？

梅子酸甜，而吃过梅子的人，当他再看到梅子或想到梅子时，口中就会泛酸，不由自主地分泌唾液，生津止渴。用现代医学解释，这叫条件反射。从心理学看，这叫联觉，由听觉引起了味觉，味听联觉；或者说是心理暗示，体现的是意识的能动作用。

心理暗示具有神奇的力量，一念天堂，一念地狱。心理暗示更可以成为一件武器，所谓“攻心为上”，又所谓“心理战”，倘若运用巧妙，不战而屈人之兵。曹操就是个玩心理战的高手，“望梅止渴”于他来说不过是略施小计。

话说回来，那年那月那一日，曹操麾下的将士到达梅林吃到梅子了吗？没有。但找到了水源，谁还计较有没有吃到梅子。

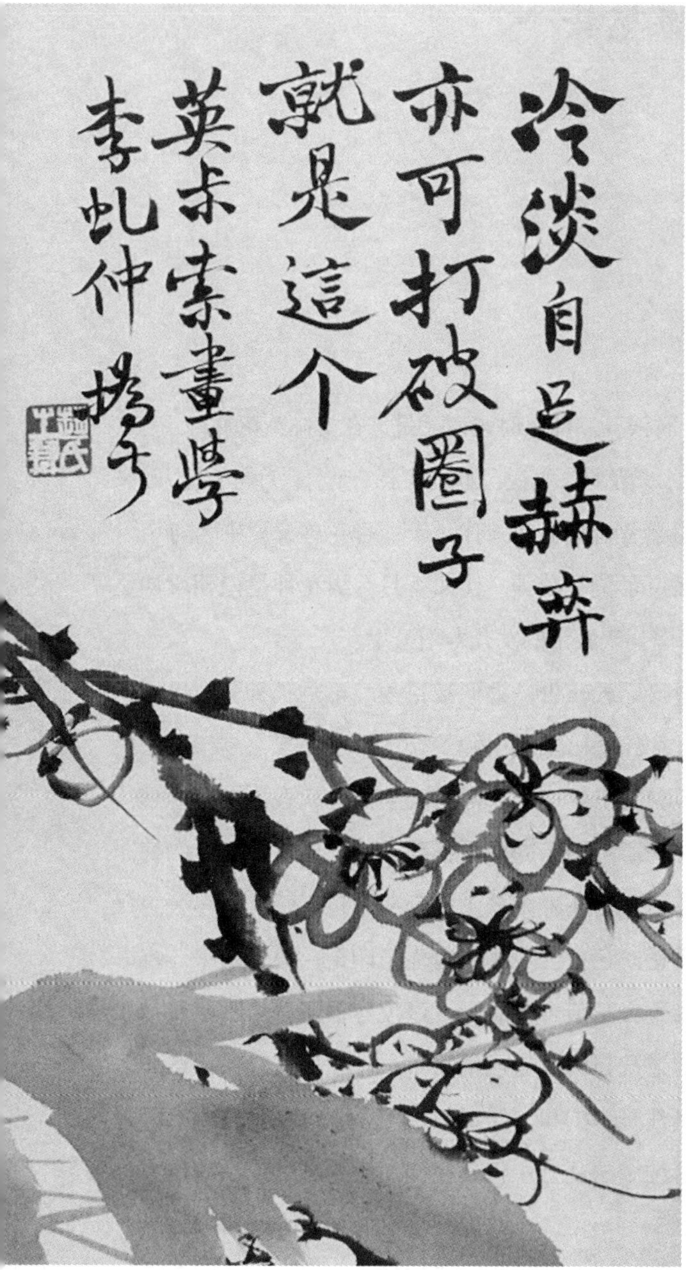

◎『花卉册』 清代 赵之谦

美人额上梅花妆

一朵花，什么时候开，什么时候谢，是谁在安排？花神。

中国民间有“十二花神”之说，即一年十二个月，月月有花开，月月有花神。清朝学者俞樾在其著作《十二月花神议》中为每个月定了位男花神又定了位女花神，比如正月，男花神是南朝梁诗人何逊，女花神是南朝宋武帝的女儿寿阳公主。

寿阳公主，史料记载较少，为何被封为“正月花神”？只因那朵梅花，还有那娇媚动人的梅花妆。

据说，有一年农历正月初七，寿阳公主在含章殿与宫女们嬉戏玩耍，累了，在含章殿檐下的榻上小憩。一阵风将梅树上的梅花吹落，有一片花瓣竟落在寿阳公主的额头。日光暖，晒得公主都出了汗，香汗润花，花在公主额头留下了印记。公主醒来，拂去额上梅花，却拂不去花痕。皇后说，这妆容很好看，不用费神将它抹去，指不定过几日它就自己消去了。几日后，花痕消散。宫女们都觉得这是件奇妙的事，纷纷效仿，采了梅花贴在额头。一传十十传百，这种做法从宫中传到民间，流传甚广，从而形成了梅花妆。

梅花妆有多流行，从元代文人张天英的诗中可窥一斑：“正月七日含章殿，落梅吹花香扑面。玉人睡起犹未知，重理新妆镜中见。花如玉貌多婵娟，三十六宫多学遍。城中丑妇不解羞，采花自点双眉头。”看，“三十六宫多学遍，城中丑妇不解羞”。不过，张天英言语略显刻薄，谁说“丑妇”就不能饰以梅花妆呢？爱美之心人皆有之，自然人人都可以为美而扮呀！

梅花附额，好看，但梅花花开有时，并非每个季节都有，可这怎会难倒爱美的人？她们寻了彩纸，剪成梅花状贴在额上，更有人用胭脂在额上画梅花。

北朝民歌《木兰诗》中讲，木兰代父出征，凯旋后，辞官还乡，恢复女儿身，“当窗理云鬓，对镜贴花黄”。这个“贴花黄”也许是类似于梅花妆的一种妆容，也许就指梅花妆。

描写寿阳公主梅花妆的诗词有很多，比如五代前蜀诗人牛峤《红蔷薇》诗云：“若缀寿阳公主额，六宫争肯学梅妆。”后世又有诗写道：“初七人日又立春，梅花点额颜色新。此身若在含章殿，疑是寿阳宫里人。”

寿阳公主也因引领梅花妆潮流而被奉为正月花神。

梅花妆这种妆容，自南朝始，一直到唐代、五代都非常流行。尤其在唐代，梅花妆风行，这和唐朝著名才女上官婉儿颇有关系。

晚唐文人段成式在其笔记小说集《酉阳杂俎》中有这样一段记载：“今妇人面饰用花子，起自上官昭容，所制以掩黥迹。”上官昭容即上官婉儿。

段成式之子段公路在其著作《北户录》中对上官婉儿“面饰用花子”叙述得更为详细：“天后每对宰臣，令昭容卧于案裙下，记所奏事。一日宰相对事，昭容窃窥，上觉，退朝，怒甚，取甲刀扎于面上，不许拔。昭容遽为乞拔刀子诗。后为花子，以掩痕也。”

朝堂上，上官婉儿“窃窥”的那位宰相是谁？有人说是李迥秀。

上官婉儿为何要“窃窥”李迥秀？因为李迥秀有才华又长得好看。上官婉儿是才女，才女自然喜欢才子，如果碰见一个长得好看的才子，难免会多看几眼。遗憾的是，武则天认为这有失体统，愤而劈面插刀，可见其“怒甚”，也可见其出手毫不留情。

不过，关于武则天刀插上官婉儿，除上述“偷窥说”，民间还有两种说法。

一种说法是“报复说”。武则天的男宠薛怀义恃宠而骄，背着武则天经常调戏上官婉儿，上官婉儿对薛怀义当然不会有好感。武则天另结新欢后，对薛怀义就不冷不热了，有一次，薛怀义想见武则天，上官婉儿不但拒绝通报，还关闭了薛怀义素常进宫的那条甬道。薛怀义大为光火，纵火烧了明堂。明堂是王朝国运的象征，武则天怎能容他放肆，下令将其处死。火烧明堂这事，与上官婉儿也有干系，但武则天对上官婉儿到底还有几分怜惜，就在她脸上给了一刀，以示警告。

另一种说法是“私通说”。武则天有个男宠叫张昌宗，生得姿容秀美；因为上官婉儿被武则天倚为心腹，所以上官婉儿和张昌宗也常常相见，一来二去彼此间就动了一些不该有的心思。有一天，上官婉儿与张昌宗私相调笑被武则天看见，是可忍，孰不可忍！武则天大怒：“汝敢近我禁脔，罪当处死！”说着就拔了金刀插向上官婉儿，伤了上官婉儿的额头。武则天并不罢休，意欲再刺，亏得张昌宗跪地求情，武则天才怒气渐消，赦免了上官婉儿。

不管是哪种说法，结果都一样：武则天用刀刺伤了上官婉儿的额头，并留下十分醒目的伤疤。脸上留疤对一个女子来说，是要命的伤害。好在上官婉儿聪慧，在伤疤上刺了一朵红梅，以掩疤痕；不曾想，其他宫女见了竟觉得甚是好看，也都在额上画梅花。

寿阳公主和上官婉儿皆以梅花饰面，一个是无意一个是有心，妆容却同样动人。大抵世间佳人才女最衬梅花，或者说梅花最衬佳人才女，人俏如梅，梅俏如人，人梅两相宜。

如今人们欣赏梅花妆，要么是从古装影视剧中看到，要么就是从前人的诗词中看到。比如南宋文人汪藻有首词就很能令人领略梅花妆之美："小舟帘隙，佳人半露梅妆额，绿云低映花如刻。恰似秋宵，一半银蟾白。"舟行水上，风拂舟帘，佳人梅妆半露，似秋夜皎洁明月，好美！

罗浮山下美人香

隋文帝开皇年间，一个冬日，有个叫赵师雄的人前往罗浮山。

罗浮山，雄峙于岭南中南部，在今广东惠州博罗县境内，素有“岭南第一山”之称。据北宋张君房撰写的《云笈七签》记载，罗浮山为道教十大洞天之“第七洞天”，七十二福地之“第三十四福地”，山中有七十二石室、十八洞天、四百三十二峰峦、九百八十瀑布与飞泉，更有九观十八寺二十二庵等道教与佛教宫观寺院点缀其间。如此绝妙所在，自是引得历朝历代的文人墨客、方士道人纷纷前来，或为游览，或为隐居修炼，并留下许多诗词歌赋。

纵使有人不知罗浮山，大抵也读过苏轼的《惠州一绝》，诗云：“罗浮山下四时春，卢橘杨梅次第新。日啖荔枝三百颗，不辞长作岭南人。”罗浮山本就有名，苏轼的诗更是令其广为人知。由苏轼的诗亦可知，罗浮山盛产枇杷（“卢橘”为其别名，今多写作“芦橘”）、杨梅、荔枝等水果。

话说那天赵师雄行至罗浮山下，暮色四起，宜歇脚。山下有片松林，松林间房舍隐约，房檐上挑出了一个酒望子，随风飘摇。

赵师雄弃了车，往松林酒家走去。真奇妙，松林里忽然走出一个淡妆素服的女子，粉面含笑，芳香袭人。此时，夜色已浓，长空有明月，大地覆薄雪，月色与雪色之间，那女子是第三种绝色。赵师雄心生欢喜，和迎面走来的女子搭话，真好，女子眉目动人，其语言也是极清丽有趣。酒家在望，何不一起去吃几盏酒，围炉夜话？

热情的酒家送上清洌甘酒，赵师雄和佳人对酒闲话。

酒意正酣、谈兴正浓时，来了一个绿衣童子，笑歌戏舞。歌舞助雅兴，美哉！此景此情，叫人如何不贪杯？

赵师雄酩酊大醉，伏案酣睡。佳人和童子是何时离去的，他不知晓。

清寒山风吹醒大醉的人，看看天，东方既白。再看，呀，酒肆去了哪儿？赵师雄懵然。

哪里有什么酒肆？他分明是在一棵梅树下睡了一觉。树上梅花簇簇，粉粉白白，暗香幽浮，似娇羞的女子，风情万种。繁花里，翠鸟啾嘈，似童子嬉戏。昨夜种种，梦也，幻也？可醉眼尚惺忪，衣上酒痕在。

在梅树下，赵师雄恍然如有所得，又怅然如有所失。

这是唐朝柳宗元在《龙城录》中记载的事。

罗浮山至今还流传着“师雄梦梅”的典故。后人又常用“罗浮”“罗浮美人”“罗浮梦”等代指梅花。其中“罗浮梦”又用来比喻人生如梦，好景不常在。

“师雄梦梅”的故事也常被用作咏梅典范，出现在诗词中。如唐人殷尧藩《友人山中梅花》诗云：“好风吹醒罗浮梦，莫听空林翠羽声。”又如宋人张元干《十月桃》词云：“罗浮淡妆素质，呼翠凤、飞舞斓斑。参横月落，留恨醒来，满地香残。”

宋朝文人黎廷瑞的词作《秦楼月》写的也是“师雄梦梅”的故事，词云：“罗浮暮，青松林下相逢处。相逢处，缟衣素袂，沉吟无语。行云飞入瑶台路，梦回飘渺香风度。香风度，参横月落，几声翠羽。”

爱梅成痴的元朝画家、诗人王冕，就在不少的咏梅诗中用到“师雄梦梅”的典故，如《红梅十四》：“罗浮仙子醉春风，玉骨冰肌晕浅红。一味清香消不尽，几回飞梦锦云中。”再如《红梅十六》：“仙子云中驾鹤归，翩翩雾佩晓风吹。玉肌轻染燕脂色，恰似罗浮夜醉时。”

人们是在羡慕赵师雄的艳遇吗？大抵人们爱的是梅花，爱的是自然，爱的是从心生活，诗意栖居，与美好不期而遇。

人生百年如过客，有限朱颜有限身。既是如此，何不取几分梅花精神，管他熙熙攘攘万紫千红，让争春的去争春，咱自去那清清白白处，不浮不躁，干干净净从从容容地开自己的花，风来了，雪来了，天黑了，天亮了，顺其自然，无所畏惧。如此生活，也算得是洒脱自在了，不负此生，不负己心。

倘若如潮尘世，又能遇见二三灵魂有趣的人，可共饮，可闲话，幸甚幸甚。

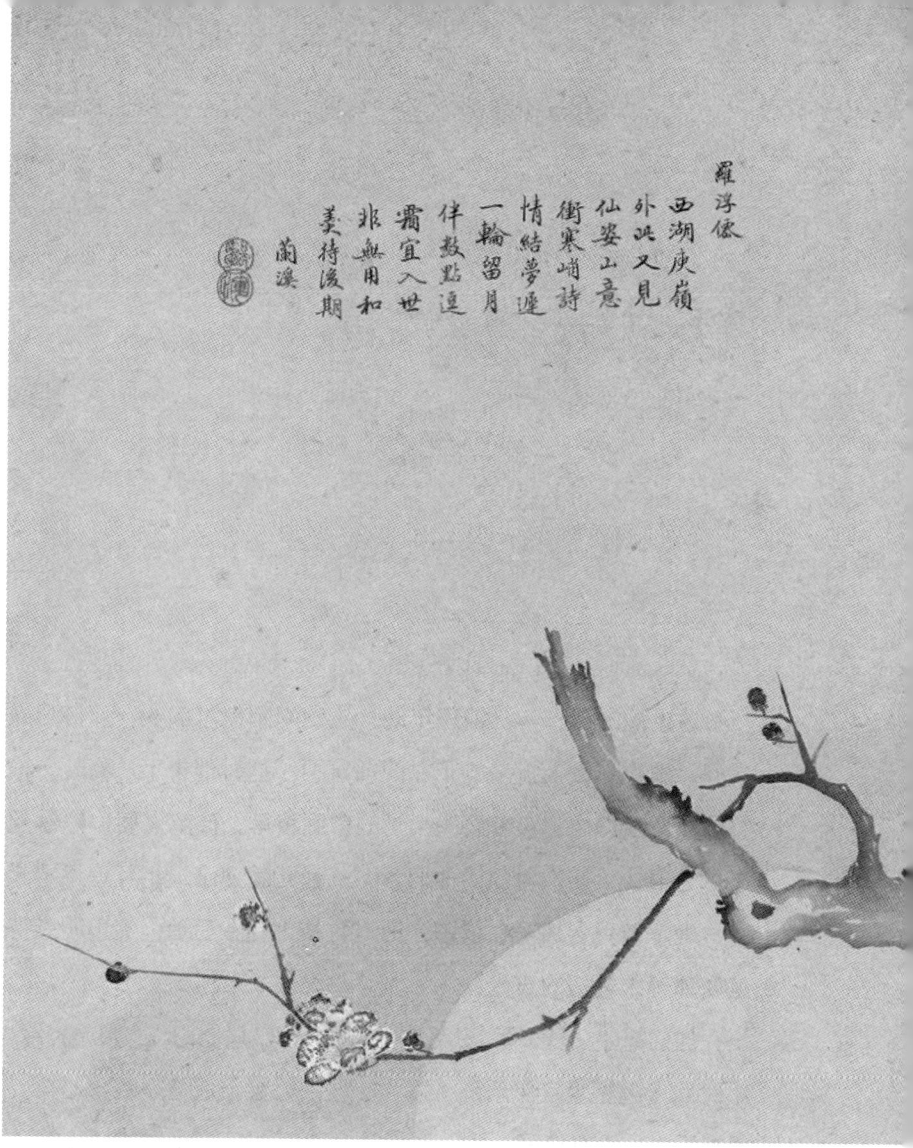

◎《花卉八开之梅花图》 清代　邹一桂

青梅竹马，两小无猜

遇见他的那一年，她还年幼，头发刚刚盖过额头。那日阳光美好，她拿着大人折来的花在门前玩耍，这时他来了，骑着一根竹枝竟威风得像个跨着高头大马的常胜将军。孩童之间，熟悉起来总是很快；初次见面的他们，不一会儿就熟络地相互追逐嬉戏了：她拿着青青梅子在前跑，他以竹枝为马在后追，笑声明亮得就像那春末夏初的日光。

他们都住在长干里。邻近的一群孩子里，只他们二人最是投缘。小时，一起感受童年乐趣；略大一些，亦会一起分享少年心事，没有隔阂，没有猜疑。

所有人都认为他们是天造地设的一对，他们也的确如人们所料想的那样做了夫妻。嫁给他那年，她 14 岁。说来也有趣，尚未谈婚论嫁前，彼此有说不完的话，结为夫妻后她竟觉得羞涩了，不敢仔细看他眉目。犹记得洞房花烛夜，她低着头面壁坐着，他在床畔一声声唤她名字，她不应，也不回头。那时的羞意呀，就像窗外那株含苞待放的花，蜂蝶怎么问，花儿只是不应。

婚后一年，她才在夫君面前自在起来，会同他说一些甜蜜的话，眼里心里都是他，愿意同他白首偕老。她曾听人说过春秋尾生的故事，尾生爱上一个女子，有天和女子约好在桥下相会，尾生早早地就去了，女子却迟迟不来；忽然天下起大雨，不久山洪暴发，尾生却不肯离开桥下，抱着桥柱苦苦等候心上人，洪水没过尾生的膝，没过尾生的肩，直至再也看不见尾生。听了这个故事，她感动不已。是呀，爱一个人，说好要一辈子，那就必然是至死不渝。她对夫君亦是存着至死不渝的爱。

16 岁那年，夫君离家走船，要穿越瞿塘峡滟滪堆，去一个很远的地方。她听人说过，滟滪堆好似一头巨兽横截江流，江水到了这里，掀起腾空狂澜，涡流千转百回，行船的人稍有闪失便会船毁人亡，故有谚语云："滟滪大如象，瞿塘不可上，滟滪大如马，瞿塘不可下。"尤其是农历五月，水涨礁没，行船滟滪堆最是险象环生。而夫君出行，偏偏是在五月。她真是为他担忧，甚至做梦都能梦到瞿塘峡两岸的猿啼。

家门前还留着夫君离家前留下的足迹，只是几场风雨后，足印上渐渐长满了青苔，青苔堆积，尚未来得及清扫干净，秋天来了，黄叶翻飞，覆盖青苔。已是农历八月，处处可见黄蝶飞舞，蝶儿一双双一对对，而她和夫君却天各一方。对着漫天黄叶，对着成双成对的蝶儿，她满心凄凉，只觉得自己一天天地老了。此心此境，正应了古人诗："相去日已远，衣带日已缓。浮云蔽白日，游子不顾反。思君令人老，岁月忽已晚。"

她多想托谁传个信儿给夫君：无论什么时候，你有了返程计划，请一定要提前写封家书给我；我要去迎接你，哪怕一直迎到那个叫瞿塘峡滟滪堆的地方。

这是李白《长干行》诗中的故事。自幼相知的两个人，做了夫妻，为了生活两人并不能朝夕厮守，郎君远行，娇妻牵肠挂肚。诗中最为人熟知的句子便是这两句了："郎骑竹马来，绕床弄青梅。同居长干里，两小无嫌猜。"成语"青梅竹马""两小无猜"亦由此而来。

我骑竹马，你弄青梅，亲密无间，互无猜疑，童年陪伴，成年夫妻，一生一世，不离不弃，想想都觉得美。

"青梅竹马，两小无猜"，也总会使人想起三毛的诗："记得当时年纪小，你爱谈天我爱笑，有一回并肩坐在桃树下，风在树梢鸟在叫，不知怎么睡着了，梦里花落知多少。"

一直觉得，世间最美好的爱情莫过于青梅竹马、两小无猜。那个人，伴你一整个童年，又陪你一整个少年，以及漫长余生，直至终老；那个人知你心有何忧，懂你何求，免你惊，免你苦，于是，这一生，你从未尝过落单的滋味，下雨有伞，天黑有灯，一路繁花相送。这份爱，这美好，真是上天赐予的泼天恩宠。

那个以梅为妻的男人

世间爱梅者甚多，但“以梅为妻”者，古往今来只一位，即北宋著名隐逸诗人林逋。

林逋生于北宋乾德五年（967 年），也即宋太祖赵匡胤建立宋朝的第七年。林逋通晓经史百家，善诗文，书法、绘画亦佳。欧阳修《归田录》中说：“逋工于画，善为诗。”《宋史》记载：“逋善行书，喜为诗，其词澄浃峭特，多奇句。”宋四大书法家之一的黄庭坚对林逋的书法尤为推崇：“林处士书，清气照人，其端劲有骨，亦似斯人涉世也。”黄庭坚还说，林逋书法高胜绝人，“予每见之，方病不药而愈，方饥不食而饱。”

以林逋之才学，以及宋朝重文轻武的社会风气，他本可“学而优则仕”，实现“达则兼济天下”的文人理想，但他生性恬淡，性孤高自好，不趋荣利，40 岁前漫游江淮，40 岁后隐居杭州西湖，结庐孤山。

孤山位于西湖中，孤峰独耸，四面碧波萦绕，清幽宁静。唐宋时，孤山美景已闻名遐迩，唐朝白居易有“孤山寺北贾亭西，水面初平云脚低”诗句，赞誉孤山湖光山色。林逋隐于西湖孤山，

◎《梅妻鹤子图》 明代 吕纪

湖畔游人如织，湖上山，水中岛，隐者自怡悦，可谓闹中取静，不入世之俗，不出世之雅。

据说，林逋在孤山居所，房前屋后种植梅树360余株，养鹤两只。梅花傲然，瑞鹤清雅，正是隐士的好伴侣。赏梅，牧鹤，吟诗，填词，绘画，抚琴，泛舟游西湖诸寺与高僧清谈，这是林逋的日常生活。

北宋沈括《梦溪笔谈》中记载，林逋养鹤，每日会在一个固定时间开启鹤笼，鹤振翅而出，飞入云霄，自由自在翱翔，飞累了便自己回笼。有时林逋泛舟游玩去了，恰又有客人来访，林家童子会先招呼客人坐下吃茶，然后开笼纵鹤。不久，林逋必划船归来。原来林逋和童子有约，当他外出，倘有客至，便纵鹤为信，他见信而返。

这真是雅致有趣的事。

更有趣的是，人人都知道林逋诗文写得好，但林逋自己并不当回事，诗写了词填了，随手就丢弃了。有人不解，问他："为什么不保存下来以便流传后世呢？"林逋笑了："我现在隐居山中，没想过要去世俗热闹里博取个名头。现在对功名都不感兴趣，哪里还会去管能不能留名后世？"

如此洒脱不羁，好一派隐士之风！

林逋不珍惜自己的诗文，好在有"好事者往往窃记之，今所传尚三百余篇"，于是后人才有了欣赏《林和靖先生诗集》的缘分。

在林逋的诗文中，光彩夺目的是他的咏梅诗，其中又尤以《山园小梅二首》为人称道。其一云："众芳摇落独暄妍，占尽风情向小园。疏影横斜水清浅，暗香浮动月黄昏。霜禽欲下先偷眼，粉蝶如知合断魂。幸有微吟可相狎，不须檀板共金樽。”诗之大意是：百花凋零，独有梅花迎着寒风昂然盛放，美丽明艳，成为小园中最动人的风景。梅枝横斜，在清清的水中投下稀疏倒影；花香清幽，在昏黄月色下随风飘散。冬日的鸟儿飞落下来时，也会忍不住先偷眼欣赏梅花；常在春夏时节飞舞的蝴蝶，倘若知道冬日梅花如此雅致可爱，它得有多神往啊。幸运的是，我可以和梅花如此亲近，轻声为她吟诗，自得其乐；根本不需要拍着檀板纵酒高歌，那只怕会打扰了梅花的清净美好。

林逋《山园小梅》一出，点赞者数不胜数。

尤其是“疏影横斜水清浅，暗香浮动月黄昏”两句，可谓人见人爱，且不吝赞词。位列“千古文章四大家”“唐宋散文八大家”之一的欧阳修赞叹说：“前世咏梅者多矣，未有此句也。”北宋政治家、文学家司马光评道：“‘疏影横斜水清浅，暗香浮动月黄昏’，曲尽梅之体态。”南宋名臣王十朋评价更高：“暗香和月入佳句，压尽千古无诗才。”明朝著名政治家、文学家李东阳也说：“惟林君复‘疏影’‘暗香’之句为绝唱，亦未见过之者，恨不使唐人专咏之耳。”

人人都说林逋“疏影”“暗香”句好，不过，曾将林逋书法当治病良药、果腹佳肴的黄庭坚，认为“疏影”“暗香”句虽好，但好不过“雪后园林才半树，水边篱落忽横枝”这两句。

“雪后”“水边”句出自林逋《梅花其一》诗：“吟怀长恨负芳时，为见梅花辄入诗。雪后园林才半树，水边篱落忽横枝。人怜红艳多应俗，天与清香似有私。堪笑胡雏亦风味，解将声调角中吹。”大意是：诗人最怕辜负了花开，所以一见到梅花就赶紧作诗。雪后园里的梅花才开了一小半，但靠近水边篱笆处的梅花已经开满枝头了。人们通常认为红色太过艳丽反而显得有些俗气，可是谁能说红梅不高雅？看来老天也是极为偏爱梅花的。汉人喜爱梅花是由来已久的事，如今胡人似乎也懂得欣赏梅之风韵了，还谱了咏梅曲用号角来吹奏。

疏影暗香，雪后水边，哪个好，哪个更好，这是见仁见智的事。

有一点却是公认的——爱梅成痴的林逋，他的咏梅诗可一字概之：好！诚如北宋许顗在《彦周诗话》中所说："大凡《和靖集》中，梅诗最好。"

众口交赞的林逋，即使他隐居孤山，山上林深，山下水阔，这深林阔水也藏不住他的才名，连真宗皇帝都知道他满腹经纶。《宋史》记载："真宗闻其名，赐粟帛，诏长吏岁时劳问。"也就是说，宋真宗不仅亲自赏赐林逋粮食衣物，他还特意下诏，嘱咐杭州的官员要常常去慰问林逋。

宋真宗还曾想过请林逋出山入仕，遗憾的是"累诏不起"。宋真宗未曾责怪林逋，既然他如此清靖寡欲，那就赐他一号：和靖处士。

对于宋真宗的另加青眼，林逋心怀感激，但从来不拿此事炫耀。人家问他为何不出山济世，他淡然答道："吾志之所适，非室家也，非功名富贵也，只觉青山绿水与我情相宜。"

《红楼梦》中，曹雪芹借跛足道人之口吟了一支《好了歌》，歌中大意是，世人都晓神仙好，唯有功名、金银、娇妻、儿孙忘不了；但是这世上万般，好便是了，了便是好呀！

林逋把自己活成了神仙的样子，他将功名、金银、娇妻、儿孙统统都抛却了，一生不仕，一生未娶，逍遥于青山绿水间，种梅养鹤。

一生不仕，不足为奇，古往今来不染名利场的人何其多。但在讲究“无后为大”的古代，一生不娶无子便是荒唐事了。曾有好事者来问因由，林逋笑了，答之：“以梅为妻，以鹤为子。”所谓“梅妻鹤子”由此而来。

北宋天圣六年（1028年），林逋去世，葬于孤山隐居草庐之侧。宋仁宗赐谥“和靖先生”。据说，林逋去世后，梅开二度，他饲养的白鹤围着他的坟冢悲鸣三日，绝食而亡。

后来，又不知过了多少年，有盗墓者想着林逋乃一代名士，墓中必有不少宝物，却不料在墓中只寻得一方端砚和一支玉簪。

那支玉簪引起后人遐想。

林逋40岁前漫游江淮，江淮是金翠耀目罗绮飘香之繁华地，人在温柔富贵乡里怎会不招惹情缘？何况林逋还写过一首情深韵美的《相思令》，词云：“吴山青，越山青。两岸青山相送迎，谁知离别情？君泪盈，妾泪盈。罗带同心结未成，江头潮已平。”词意情意绵绵，又无限惆怅。

莫非林逋一生不娶，另有他因？那支玉簪是否有个女主人？

或许林逋并非终生只爱草木禽鸟，或许他也曾热烈地爱过一个如梅一般的女子，只是“罗带同心结未成”，遂心灰意冷，隐居山林。居山，非为逃避，而是从此无意再看新绿。荡气回肠的爱，一生有一次就够了。

要一个爱过巫山云的人，如何再去看别处的薄云？

纵使人间有万紫千红，他独爱她那一抹绿。

她喜梅，他便在山中植梅，以梅为妻；她好鹤，他便在草庐养鹤，以鹤为子。西湖水、孤山雪，长空彩云是她，红梅白鹤是她，这目之所及人间风月都是她。玉簪上，她之发香，她掌心余温，一直都在，足够他慰藉。

这条因她而去却无她赴约的路虽孤独，但他甘之如饴。

人生海海，有谁不是生活在自己背负的铁栅栏后面呢？

每一个甘愿与孤独为友的人，或许都有着不愿提及又不愿结束的故事。

老僧月夜画梅醉逃禅

元朝散曲家景元启有首风趣横生的散曲：“月如牙，早庭前疏影印窗纱。逃禅老笔应难画，别样清佳。据胡床再看咱。山妻骂，为甚情牵挂？大都来梅花是我，我是梅花。”

大意是，新月如牙，在月色的映照下，疏落的梅影映在窗纱上。纵使我有逃禅老人那样的妙笔，想必也难以画出月下梅花的清逸佳美。如此好月，如此好梅，索性坐在胡床上痴痴地看呀，眼睛也不眨。惹得妻子醋意大发，问我在思念哪个，牵挂着谁，我告诉她，只不过是迷上了梅花，大概那梅花就是我，我就是那月下的梅花。

好一个“梅花是我，我是梅花”！

爱梅成痴的景元启，其曲中所云“逃禅老笔应难画”，倒还藏着另两个梅痴，一个是月夜画梅的“墨梅始祖”宋僧仲仁，一个是“奉敕村梅”的逃禅老人杨无咎。

自古以来，爱梅者甚众，文人雅士更是喜欢将梅花入诗入画，赞其风骨俊傲，独天下而春，花色妍雅，花香清幽。梅花入诗，可上溯至《诗经》；梅花入画，有史记载始于南北朝，但墨梅画法却始于宋朝僧人仲仁。

仲仁，生于何年、逝于何月无史可考，只知他在宋哲宗元祐年间来到衡州华光寺，时人又称他“华光长老”。仲仁和北宋官员邹浩以及“苏门四学士”中的黄庭坚、秦观都有来往，由此或可推测，仲仁和苏轼亦有往来。

仲仁爱梅，在寺院禅房外，他种了数株梅树。每逢梅花开放时，他就搬了椅子坐在树下，赏花、吟咏。有天夜里，明月如水，仲仁忽然望见窗纸上疏影摇曳，萧然可爱；再细看，知是月下梅枝随风摆动，影映纸窗。仲仁起了兴致，寻来笔墨，铺开宣纸，在幽静禅房里细细描摹梅影；次日醒来再看，纸上梅花，清疏可人，恍若可见月光、可嗅梅香。此后，仲仁便以浓淡相间的水墨晕染的方法画梅花，即“墨梅”法。这便是“月夜画梅”的故事。

在仲仁之前，人们画梅皆傅彩，而仲仁别开生面，画梅不设色，仅用或浓或淡的水墨自然晕染梅花，其不事雕琢、浑然天成的写意手法，不专以形似，独得于象外，将梅花枝干虬曲、疏影横斜的神韵表现得淋漓尽致。仲仁的墨梅画法自成一格，他也被后人称为“墨梅始祖”。

仲仁将他的墨梅技法上升为理论，写出了《华光梅谱》，历代画家皆视此书为珍宝。

据说，仲仁画梅，先焚香，待禅定意适，再下笔挥洒。在当时，仲仁的墨梅深受文人士大夫的好评，来求画者络绎不绝；仲仁是性情中人，有索画者数年未能得之，也有人一开口便获得画作。

宋哲宗亲政后，秦观因新旧党争，被贬处州，后徙郴州。途经衡州时，秦观前去拜访仲仁，恰逢仲仁外出，未遇；秦观留下一纸《与花光寺求墨梅书》："仆方此忧患，无以自娱，愿师为我作两枝见寄，令我展玩，洗去烦恼。幸甚。"仲仁云游归来，见此书简，作墨梅两幅托人带到郴州交与秦观。

宋徽宗崇宁三年（1104年），遭朝中奸党陷害而被羁管在宜州的黄庭坚，路过衡州时也去造访仲仁。仲仁一见到黄庭坚，就拿出他收藏的苏轼、秦观的诗卷，与黄庭坚畅谈，还研墨铺纸为黄庭坚画了墨梅。彼时秦观、苏轼已先后离世，与方外人赏亡友诗谈亡友事，黄庭坚禁不住悲思汹涌，回赠了仲仁一首诗，即诗名长达43字的《花光仲仁出秦苏诗卷思二国士不可复见开卷绝叹因花光为我作梅数枝及画烟外远山追少游韵记卷末》，诗中"叹息斯人不可见"，感慨"今日梅开向谁好"。诗中又云："雅闻花光能画梅，更乞一枝洗烦恼。"是呀，逝者长已矣，生者虽悲但终要继续前行。值得宽慰的是，"喜我未学霜前草"，始终似那傲寒斗雪的梅花，世俗虽苦寒清冽但从不低头，淡然绽放。

对于仲仁的墨梅，黄庭坚还曾如此赞誉："如嫩寒清晓，行孤山篱落间，但欠香耳。"宋末元初著名书画家赵孟頫对仲仁评价更高："世之论墨梅者，皆以华光为称首。"

仲仁独树一帜，开墨梅之风，后来人继往开来，深耕其中，将墨梅画法发扬光大。和仲仁同时代的逃禅老人杨无咎，便是仲仁墨梅的推崇者。

杨无咎，字补之，号逃禅老人，又号清夷长者，西汉学者扬雄后裔。仲仁的墨梅画法给了杨无咎极大的启发，"得其韵度之清丽"，但又有所变化。南宋士人赵希鹄撰写的一本关于收藏鉴赏的著作《洞天清禄集》中称，杨无咎"作梅，下笔便胜花光仲仁"。

在此之前，杨无咎已画梅多年。他家门外有棵“大如数间屋”的老梅树，树干粗糙，虬枝盘结，苍皮斑驳，但年年繁花簇簇。他经常对着梅树临摹写生。

年轻时的杨无咎自认深得梅花真趣，就兴冲冲地去参加翰林书画院的考试。当时的皇帝宋徽宗，酷爱艺术，特意成立翰林书画院，以绘画技艺选拔人才。杨无咎原本认为自己能得到赏识，获取功名，不料，宋徽宗看了他的梅花图，斥为“村梅”。

◎《梅花绣眼图》 北宋 赵佶

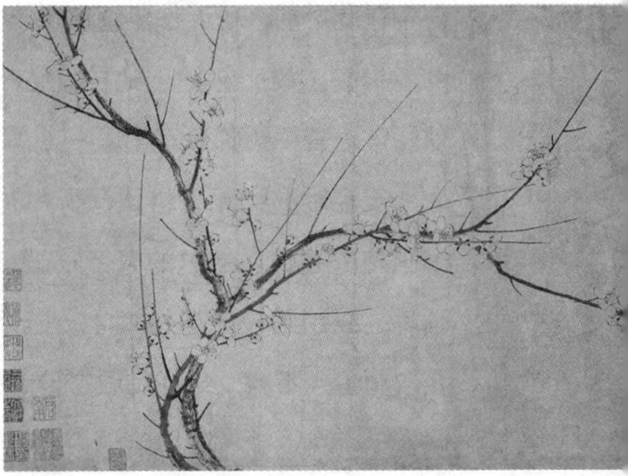

要知道，宋徽宗本人就是个花鸟画大家，画瑞鹤画锦鸡画白鹅，画红蓼红修竹画桃花，样样出彩。宋徽宗画梅花也是一绝，比如《腊梅山禽图》《梅花绣眼图》都是传世名画。

一幅画的好坏，不在于所画物象的“像与不像”或“似与不似”，而在其笔法气韵，也就是所谓“画画要招魂”。梅花孤傲高洁，宋徽宗也是个孤独又才华横溢的人。生在帝王之家，却“诸事皆能，独不能为君耳”，就像本该是一条遨游大海的鱼，却生在鸟巢，还被插上了一双飞不起来的翅膀，所以只能在漫长的光阴里孤寂地张望大海。贵为天子，看上去要多风光就可以有多风光，其实他连一个真正的朋友都没有。他是名副其实的孤家寡人。他的孤独，

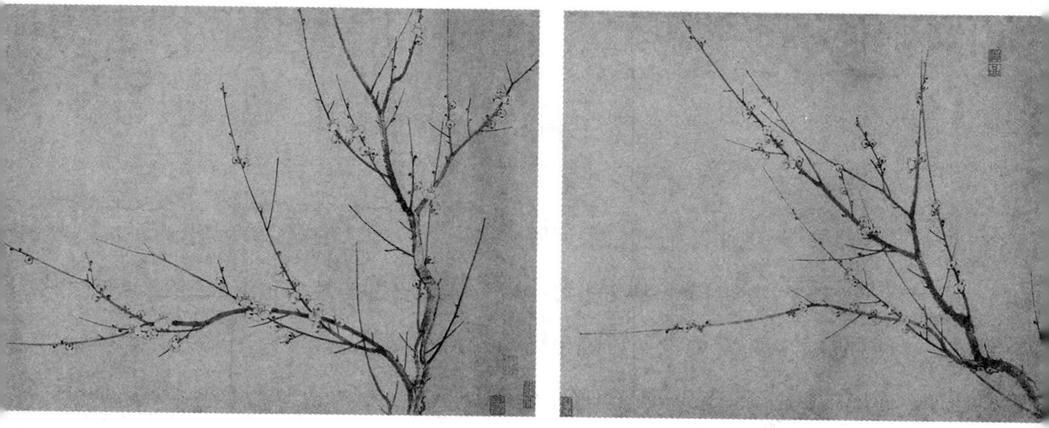

◎《四梅图》 南宋 杨无咎

无人可说，无人能懂，他在宫苑深深处，穿着皇袍沉迷于诗书画印。他画梅花，梅枝瘦劲，枝上疏花秀蕊，就那般秀而不媚、清而不寒地开着，他在招梅花的魂，梅花也在招他的魂。

年轻的杨无咎画梅，或许画得很像，但像则像矣，终究是少了几分神韵，多了几分不必有的俗气，故被宋徽宗斥为“村梅”。

来自宫廷的贬斥，对杨无咎来说是一种莫大的打击，之后他无心仕途，清高自守，攻诗词，攻书法，更用一生画梅花，每有画成，便在画上题以“奉敕村梅”。

“奉敕村梅”既是一种自嘲，也是一种自傲。这和“奉旨填词”的柳永倒有些相似了。北宋词人柳永才华横溢，科举考试落榜后，他填了一首词发牢骚，词云：“黄金榜上，偶失龙头望。明代暂遗贤，如何向。未遂风云便，争不恣狂荡。何须论得丧。才子词人，自是白衣卿相。烟花巷陌，依约丹青屏障。幸有意中人，堪寻访。且恁偎红翠，风流事、平生畅。青春都一饷。忍把浮名，换了浅斟低唱！”这词传到宋仁宗那里，引起了麻烦。宋仁宗其实挺喜欢柳永的词作，每每设宴都会让宫中歌伎唱柳词，柳永得知这一信息后，就讨好地写了首歌功颂德的《醉蓬莱》，辗转托人交于宫中歌伎唱给宋仁宗听；仁宗的确听到了，更听出了柳永的阿谀奉承，不由心生反感，之后再也不让人在宫中唱柳词了。柳永落榜后的牢骚词，更让宋仁宗不悦。柳永第三次应试，虽然考得不错，但在放榜前，宋仁宗特意圈掉了柳永的名字，并说：“此人花前月下，好去浅斟低唱，何要浮名？且填词去。”第三次落榜的柳永，负气出入烟花巷陌，为歌伎填词作曲，自嘲是“奉旨填词”的“白衣卿相”。塞翁失马，焉知非福？也可说是“奉旨填词”成就了柳永，那时候，“教坊乐工，每得新腔，必求永为辞，始行于世。”更有个说法是：“凡有井水处，即能歌柳词。”

“奉敕村梅”的杨无咎，也有他独属的幸运，他遇到了从花光寺来清江慧力寺修行的僧人。

僧人从花光寺来，还带来了仲仁的墨梅画法，清江人杨无咎如贫得宝，如暗得灯，如饥得食，如旱得雨，他常常前往慧力寺向僧人虚心请教仲仁墨梅画技。此时的他，已饱看人情冷暖世事炎凉，牡丹何以成牡丹，梅花何以成梅花，他了然于胸。他要去哪条路，要成为谁，也是明明白白的。以他此时之心，又得仲仁之技，他笔下的梅花，今非昔比，不可同日而语。

杨无咎虽师法仲仁，但青出于蓝而胜于蓝，长于鉴赏的赵希鹄称赞他“下笔便胜花光仲仁”。现藏于北京故宫博物院的《四梅花图》，便是杨无咎的代表作：画梅四枝，一未开，一欲开，一盛开，一将残，四枝四境，枝枝寻味不尽。

杨无咎墨梅画得好，却不是谁想要就能讨得到的。他看不上的人即使带着重金而来也只能扫兴而回。他爱饮酒，酒喝畅快了，在青楼歌馆的墙壁上也会毫不吝惜地泼墨作画，然后拍拍长衫，洒然而去。

梅花似他，他似梅花。大千世界，他不管别处万紫千红，只遵循本心，率真洒脱，活自己的精气神，从从容容开自己的花。

喜爱梅花的人，大抵都有颗清醒自在心吧，不媚俗、不急躁、不迷茫、不张扬，满腔孤勇，暗香浮动。

板桥先生不画梅

清朝的文人画家中，郑板桥可以说是具有代表性的一个。

郑板桥一生喜欢画兰、画竹、画石，用他的话说，他爱兰之四时不谢、竹之百节长青、石之万古不败，“有兰有竹有石，有节有香有骨”，做人亦当如此。

梅花是一种以清香傲骨而著称的花，郑板桥却很少画梅。是他不爱梅花吗？非也，他曾题写过一副对联，联语云：“虚心竹有低头叶，傲骨梅无仰面花。”由此可见他对梅花是欣赏的。那么，是他不善画梅吗？也不是，从现藏于北京故宫博物院的《梅竹图》可见他画梅也是一绝。

在民间传说中，郑板桥很少画梅，只因他要给人“留口饭吃”。

据说当年郑板桥居住于苏州城东桃花巷，他在巷子东头住，巷子西头住着另一个叫吕子敬的画家，二人都以卖画谋生。吕子敬科举之路不顺，考了多年只中了个秀才，又体弱多病，且上有老下有小，生活颇为艰难。郑板桥诗书画皆精，画的兰竹石更是备受人们称颂，而吕子敬却只能画梅。为了使画卖得好，吕子敬对外标榜自己画的梅花是“远看花影动，近闻有花香”。

平常有人来找郑板桥买画，只要不是要求画梅，郑板桥都会有求必应；倘若有人要他画梅，他就会说：“我画的梅花比吕子敬先生差远了。走，我领你找吕先生求画去！”

吕子敬对此很得意，常和人说，在苏州城要买梅花图，找他吕子敬就好了。

有一次，有个致仕还乡的官员，久仰郑板桥之名，前来求画，不过这官员指定要一幅梅花图，还备了五十两银子。对方是官场中人，给的画酬又丰厚，怎么办，要不要破例画一幅？郑板桥没有，他说：“真是对不住呀大人，说到画梅，还是巷西的吕子敬画得好。这么说吧，吕先生画的梅花能值五十两银子，我画的充其量值五两银子！”

那官员只好去找吕子敬画梅。

这之后，吕子敬的画名更盛了。坊间也开始有传言说，郑板桥只会画兰竹石，其他题材的画就不敢恭维了。话传到郑板桥耳里，他一笑了之。

倏忽几载过去，郑板桥要离开苏州去扬州，画友们纷纷来践行，并相互赠画留念。吕子敬也来了，郑板桥铺纸蘸墨，挥洒自如地画了一幅《白雪红梅图》相赠。只见画面上，梅干虬劲，蕊嫩花妍，似能嗅着花之清香，更能见花之凛然傲骨。吕子敬一看，惊愕不已，好半天才出得声来：“郑兄画梅技艺如此高超，何不早早教我？”

郑板桥淡然一笑：“怕吕兄谦让，再不肯作梅花图。”

到了这时候，吕子敬恍然大悟，感激地说：“郑兄之所以不画梅花，为的是给小弟留口饭吃呀。”

这虽是流传于民间的逸事，并不能说明郑板桥一生为何鲜少

◎《梅竹双雀图》 南宋 佚名

画梅，但既有此故事传世，或可一窥世人对郑板桥的喜爱之情。

郑板桥曾题写过几块著名的匾额，其中脍炙人口的是“吃亏是福”与“难得糊涂”这两块。“难得糊涂”又有注云：“聪明难，糊涂难，由聪明而转入糊涂更难；放一著，退一步，当下心安，非图后来福报也。”

为了让吕子敬多卖一些画养家糊口，先前郑板桥从不画梅，临别前却又送吕子敬一幅梅花图，巧妙而委婉地让吕子敬也让其他人知道了，他不是不会画梅，而是“放一著，退一步”，有所取舍地故意不画梅。这何尝不是一种“难得糊涂”？就像梅花，其花香，其色好，却无意与百花争春，只把春来报，这是一种既见宽广胸襟又见洒脱气度的“糊涂”，看似吃了一些亏，却也得了一份“当下心安”。人生在世，心安就是福啊！

平生心事托梅花

在晚清诸多名将勋臣中，彭玉麟名气绝非最大，但足可称得是一等一的人物。他与曾国藩、左宗棠并称“大清三杰”，与曾国藩、左宗棠、胡林翼并称“中兴四大名臣”；他是湘军水师创建者、中国近代海军奠基人……拿出任何一个身份，都足以令人起敬。

后世传颂中，彭玉麟的名气远不如李鸿章的名气大，但依晚清名臣曾国藩看，彭玉麟是要排在李鸿章前面的：“彭玉麟书生从戎，胆气过于宿将，激昂慷慨，有烈士风。若论天下英雄，当数彭玉麟、李鸿章。”清代著名学者俞樾对彭玉麟更是钦佩，他说：“咸丰、同治以来诸勋臣中始终餍服人心，无贤不肖交口称之，而无毫发遗憾者的唯一一人。”《清史稿》中说他“生平奏牍皆手裁，每出，为世传诵。好画梅，诗书皆超俗”。文采风流的彭玉麟去世后，俞樾将他的诗文结集付梓，题名《彭刚直诗集》。

一生金戈铁马的彭玉麟好画梅。他笔下的梅干虬曲，古拙苍劲，梅花吐蕊绽放，生机盎然。有人这样称赞他笔下的梅：“老干繁枝，鳞鳞万玉，其劲挺处似童钰。”还有人说他画的梅干如铁，枝如钢，铁骨铮铮气如虹，是“兵家梅花”。

据说彭玉麟一生画梅 10 万幅，全是为一人所画，那人是一个叫梅姑的女子。

梅姑是彭玉麟外婆的养女，比彭玉麟年长几岁，两人从小一起长大，感情极深，可谓“青梅竹马，两小无猜”。到了谈婚论嫁的年纪，彭玉麟向母亲提出要娶梅姑为妻，彭母拒绝了，给出的理由有两个：一是八字不合，二是辈分有别。大抵后一个理由是主因吧。

彭玉麟虽然很爱梅姑，但他是个大孝子，母命不可违呀。彼时彭玉麟已从军，他想着，且就暂时依了母亲的心意，不提此事，再等几年兴许母亲会改变主意。不曾想，没过多久彭母竟寻了户人家把梅姑嫁了，连个音信都没透给彭玉麟。又没过多久，彭母为彭玉麟也定了亲，并很快安排其成婚，娶邹氏为妻。

事已至此，有情人心中纵使有百般不甘，也只能悻悻然地过各自的生活。也许，求而不得才是人生常态吧。

梅姑婚后生活并不如意，更不幸的是，婚后第四年因难产而失去了性命。彭玉麟得知消息后，悲痛不已，还有几分自责，他想，倘若当年他一意孤行娶了梅姑，结局会不会两样？不管怎样，他认为错在自己，他辜负了梅姑的情意，没能照顾好梅姑。他也哀叹梅姑的命运，她是个多可爱多聪敏的女子啊，却幼年遭亲生父母遗弃，成年后又嫁了一个粗笨的男人，就算再辛苦只要能无病无灾地活着也好呀，遗憾的是，竟这般香消玉殒。

悲伤的彭玉麟遂立誓，他要用余下的时间画足 10 万幅梅花图，以此祭奠梅姑，以此纪念他的爱情，还有那些美好的、短暂的，永不再来但永远也抹不去的岁月。

此后，戎马倥偬之余，宦海沉浮之间，种梅、画梅成了彭玉麟的主要生活内容。

彭玉麟曾在湖口水师昭忠祠旁建厅，遍植梅花，称之为“梅花坞”；晚年辞官还乡后，他在家乡筑“退省庵”，房前屋后种梅花。

每回画梅，深情绘就，钤章也是意味深长，有时钤“伤心人别有怀抱”，有时钤“一生知己是梅花”。画上也多有题诗，诗中情意绵绵，既见英雄肝胆又见儿女情长。比如有诗云：“剧怜窗下厮磨惯，难忘灯前笑语柔。生许相依原有愿，死期入梦竟无由。”又如，“一生知己是梅花，魂梦相依萼绿华。”再如，“无补时艰深愧我，一腔心事托梅花。”还有，“生平最薄封侯愿，愿与梅花过一生。”一字一句铁血柔情，读得人心下恻然。

彭玉麟还曾用过一枚印章，印文曰：“古今第一痴人”。

彭玉麟当得起“古今第一痴人”这个称呼。

痴情人多断肠。梅姑婚姻不幸，彭玉麟的婚姻也令人唏嘘。母亲为他娶妻邹氏，不曾料，这邹氏性格粗鲁，和婆婆常有摩擦，和彭玉麟也是不睦，邹氏去世也早，她去世后，彭玉麟再未娶。《曾国藩日记》和《郭嵩焘日记》中，提及彭玉麟的婚姻生活，有着相似的感慨，谓之：“每谈家事为之叹息”“无家事之欢”。

这个痴情人，他的一生心事大抵都在他腕底墨痕中吧。

第三章

千红万紫，梅花为魁

◎《腊梅寒雀轴》 清代 任伯年

惊时最是梅

咏早梅

〔南朝梁〕何逊

兔园标物序，惊时最是梅。
衔霜当路发，映雪拟寒开。
枝横却月观，花绕凌风台。
朝洒长门泣，夕驻临邛杯。
应知早飘落，故逐上春来。

【译文】

从园林里花木的变化可以很容易看出物候时序的转换，其中最能标志时节变化的就是梅花了。

你看它不畏严寒、不惧霜雪，在路边傲然盛开。霜落其上愈显其鲜丽，白雪与之相映成趣。

却月观外、凌风台上，梅枝虬曲苍劲，梅花俏丽妩媚，那么坚韧孤傲，又那么娇柔动人。

满园盛开的梅花呀光彩照人，它能使被遗弃者见之有感而落泪，也能使春风得意的人对着它举杯畅饮。

梅花应是也知道生命有限，吐露芬芳要趁早，所以赶在正月就开起花来了。

【鉴赏】

此诗又名《扬州法曹梅花盛开》。

法曹，古代司法机关的称谓，也指司法官员。作此诗时，何逊随梁武帝萧衍之弟、建安王萧伟在扬州任职，为水曹行参军，兼任记室，深得萧伟器重。

在扬州，何逊房屋外植有梅树，他常常在树下吟咏。后来，何逊迁居洛阳，但总会想起在扬州时朝暮陪伴他的梅花。相思不如相见，何逊毅然申请调任扬州；抵达扬州时，昔日梅树刚好开花，似在迎接他的归来。那就庆祝一下吧，何逊当日便在梅树下设宴，和朋友赏梅饮酒，赋诗行乐。

清朝文学家俞樾撰写《十二月花神议》时，正月梅花神原拟选有“梅妻鹤子”之称的林逋，但鉴于林逋所处时代晚于何逊的，何逊又为了与梅相伴不惜调任扬州，可谓爱梅成癖，所以终定正月梅花男神为何逊；梅花女神为南朝宋武帝之女寿阳公主，即那位“人日卧于含章殿檐下，梅花落公主额上，成五出花，拂之不去”成“梅花妆”的公主。

俞樾还认为，唐朝之前咏梅的诗文，没有哪首能比得上何逊的《咏早梅》。南宋诗人赵蕃也说，“梅从何逊骤知名”。

何逊《咏早梅》对后世影响深远。对何逊诗文甚为推崇的“诗圣”

杜甫有诗云：“东阁官梅动诗兴，还如何逊在扬州。”此句一出，开了以“何逊扬州咏梅”为典的先例，“东阁官梅”“东阁梅”“何逊在扬州”“扬州何逊”“何逊风流”等词便常常出现在后人的咏梅诗词中。还有以“何郎花”指代梅花的。如宋朝周密《齐开乐》词云：“宝屑无痕，生香有韵，消得何郎花恼。”

◎《狮头鹅图》 明代 吕纪

独自不疑寒

早梅

〔南朝陈〕谢燮

迎春故早发，独自不疑寒。
畏落众花后，无人别意看。

【译文】

梅花为了迎接春天的来临，早早地就开花了。

冬日天寒地冻，万物蛰伏，唯有梅花无畏无惧，傲然吐芳。

如果说有什么是梅花所惧怕的，它只怕开花迟了，落在群芳之后。

也怕万紫千红时，乱花迷人眼，无人会特意地欣赏它。

【鉴赏】

诗名《早梅》，重在一个“早”字。

早梅有着怎样的风韵，谢燮没写，但一个“疑”字，一个“畏”

字将梅花拟人化，生动地写出了梅花不畏严寒的坚强性格和不甘落后的进取精神。

梅花开，开在春意初发时。为何要早开？早，是一种态度；早，是一种机会、一种优势。如果说成功有秘诀的话，那就是，总能快人一步，敢为人先。

凡事要趁早，时时早，事事早。

趁早，不是说要急功近利，也不是说要活得很着急，因为光阴如过隙白驹，怕的是朝来暮去万事蹉跎。

张爱玲说：“出名要趁早呀！来得太晚的话，快乐也不那么痛快。”是呀，朱颜青丝簪红花，怎么看都好看；待到白发苍苍才博得的功名，虽然也好，但那份快乐总没那么痛快。

张爱玲鼓动“出名要趁早”，她还给出一个“趁早”的理由：“个人即使等得及，时代是仓促的，已经在破坏中，还有更大的破坏要来。”

这个世界，无时无刻不在发生着变化，要想不被时代抛弃，就必须与时俱进，必须趁早提升自己、丰富自己。这个时代抛弃你的时候，可能连招呼都不会打一声。趁早掌握时间和命运的主动权。

当然，早行的人难免孤独，譬如梅花。梅开百花之先，独天下而春，它注定不能和百花为友，注定要傲雪凌霜。那又怎样？谁人不说梅花好？要有敢于孤独的勇气。猛兽总是独行，牛羊才成群结队。不堪孤独，就无法脱离庸俗。是孤独，造就了卓尔不群。

“畏落众花后，无人别意看。”梅花怕的不是独对严寒，怕的是平庸；倘若百花开时它再开，漫山遍野的花，赏春的人，哪会格外留意哪朵花。不被关注的美，再美又有什么意义？就像不被需要的答案，那算什么答案？

做人应如梅，敢于孤独，敢为天下先，坚韧进取，凌寒独放，清香报春；去叫醒春天，而不是被春天匆匆叫醒又被匆匆抛弃。

◎《雪梅集禽图》 明代 吕纪

梅花香自苦寒来

上堂开示颂

〔唐〕黄蘖禅师

尘劳迥脱事非常，紧把绳头做一场。
不经一番寒彻骨，怎得梅花扑鼻香。

【译文】

要想摆脱俗事的烦恼，并不是一件容易事；你必须找准目标，像拉紧绳索一样俯下身子朝着目标踏踏实实苦干。

譬如梅花，如果不经历冬天的刺骨严寒，怎会有那扑鼻的芳香？

【鉴赏】

黄蘖禅师，又称“黄檗禅师”，别名“黄檗希运”，唐朝高僧，唐宣宗大中年间圆寂，敕谥“断际禅师”。黄蘖禅师主张“心即是佛”，他说：“诸佛与一切众生，唯是一心，更无别法。此心无始已来，不曾生不曾灭，不青不黄，无形无相，不属有无，不计新旧，非长非短，非大非小，超过一切限量、名言、踪迹、对待，当体便是，动念即差。犹如虚空，无有边际，不可测度。唯此一心即是佛，佛与众生更无差异。”

在《上堂开示颂》里，黄蘖禅师用顶风冒雪却幽然绽放的梅花，比喻要想禅心顿悟，需经一番艰苦摸索，勉励世人为人做事应有梅花的品性。

“尘劳迥脱事非常”，生在人世间，谁人不奔波，谁人无烦恼？怎么破？“紧把绳头做一场”，找准目标，坚持理想，踏踏实实埋头苦干。

大多数人的烦恼根源往往在于想得太多，做得太少。

做事情，需要深思熟虑，但不需要徒增烦恼；做事前，可以先透彻地思考，思考过后，让心静下来，让身体动起来。行动是治愈烦恼的最好办法，也是将梦想变成现实的最佳途径。当自己全力以赴，把所有的时间和精力都用在行动时，其实也就没有那么多烦恼了。

“不经一番寒彻骨，怎得梅花扑鼻香。”学学梅花吧，学学梅花身上的那种精神：管你天寒地冻，我就要开花就要芬芳，待到花香四溢时，再来评说。

从“寒彻骨”到“扑鼻香”，予人以因果上的提示。《华严经》云：“一切诸报，皆从业起；一切诸果，皆从因起；一切诸业，皆从习起。”世间一切福祸得失，皆是因果。我们是世界的因，世界是我们的果，所有看似从天而降的幸运，都不过是厚积薄发的结果。

流传广泛的警世格言“宝剑锋从磨砺出，梅花香自苦寒来”，亦由黄蘖禅师“不经”“怎得”句来。宝剑之所以有锐锋利刃，是出于千锤百炼的磨砺；梅花之所以有暗香盈袖，是源于经霜凌寒的成长。“磨砺”与“苦寒”，都是指代敢于奋斗的心志，以及肯于吃苦的经历。

人生没有白走的路，也没有白吃的苦，踏出去的每一步，都是未来的基石与铺垫。所谓，经一番彻骨寒，得梅花扑鼻香。又所谓，“人生在勤，不劳何获”“欲求生富贵，须下死功夫”。

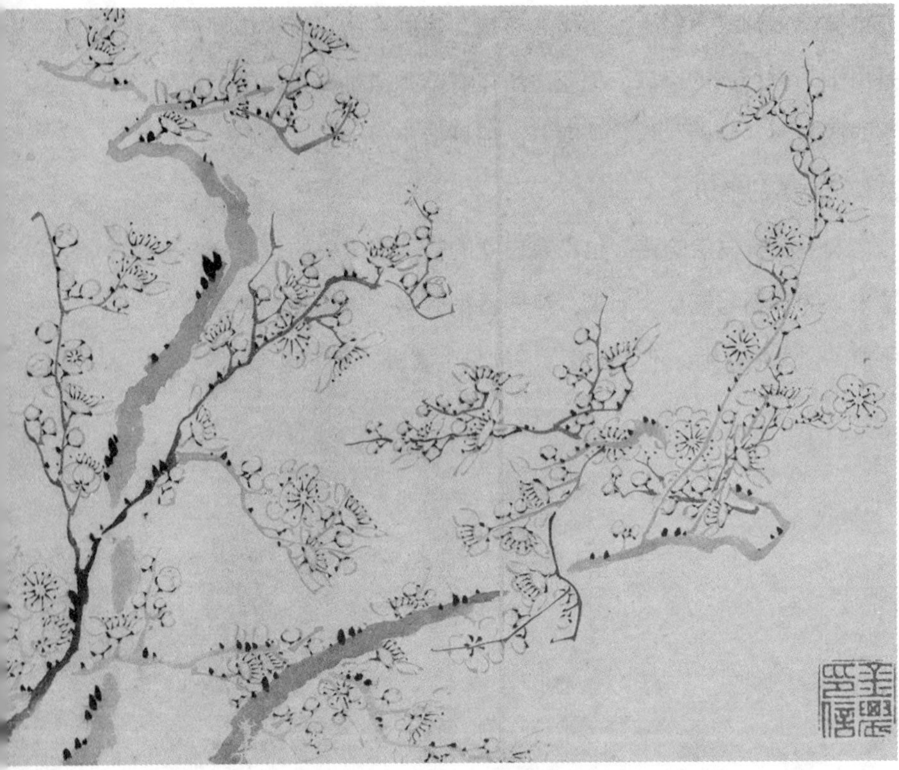

◎《梅花图》 清代 金农

前村深雪里，昨夜一枝开

早梅

〔唐〕齐己

万木冻欲折，孤根暖独回。
前村深雪里，昨夜一枝开。
风递幽香出，禽窥素艳来。
明年如应律，先发望春台。

【译文】

万木经受不住隆冬严寒，都快要被冻折了，只有梅树却像汲取了泥土深处的暖气，生机勃勃。

皑皑白雪笼罩着山村乡野，就在昨夜，有一枝梅花迎雪绽放了。

风一吹，花香四溢，鸟儿似乎也被香气吸引，飞来看这素雅芳洁的梅花。

如果明年梅花还能按时绽放，希望它先开到人们常去的望春台，而不是悄然开在这村野间。

【鉴赏】

齐己是晚唐著名诗僧，潭州益阳人（今湖南省宁乡市），俗姓胡，名得生，晚年自号衡岳沙门。

诗僧，顾名思义，就是能写诗的僧人。唐朝是中国诗歌的黄金时期，好诗、写诗是社会的风气。在如此氛围中，僧人作诗也是极自然的事情。尤其中唐以后，诗僧呈风起云涌之势，齐己、皎然、贯休等禅僧便是其中的佼佼者。清朝纪晓岚对齐己评价尤高，他说："唐诗僧以齐己为第一。"

北宋陶岳《五代史补》中记载，齐己的父亲佃户胡氏，家居大沩山同庆寺附近，以租种寺院土地为生。因家境贫寒，齐己7岁时便为寺院放牛。天资聪颖又勤奋好学的齐己，常常拿着竹枝在牛背上写诗，且诗句浑然天成，同庆寺的僧人为此惊奇不已。寺院也要壮大山门呀，于是同庆寺僧人便劝齐己出家。这于穷苦出身的齐己而言，是件好事。人活着，不只是为了吃饭，但没饭吃却不行。那时候，同庆寺僧多地广，香火旺盛，出家为僧可以让年幼的齐己温饱无虞，更有了良好的环境和充足的时间潜心学习。

齐己在同庆寺修行数年，又在长沙道林寺栖居禅修十年之久。此后，齐己云游四方，结交了不少朋友，郑谷便是其中之一。

郑谷，唐僖宗时进士，官至都官郎中，人称"郑都官"。郑谷的成名作是《鹧鸪》，诗云："暖戏烟芜锦翼齐，品流应得近山鸡。雨昏青草湖边过，花落黄陵庙里啼。游子乍闻征袖湿，佳人才唱翠眉低。相呼相应湘江阔，苦竹丛深日向西。"这首诗使郑谷声名大噪，所以人们又称他"郑鹧鸪"。

南宋计有功《唐诗纪事》记载，齐己《早梅》诗作“昨夜一枝开”句原为“昨夜数枝开”，当他拿《早梅》向郑谷请教时，郑谷说：“诗的意境很好，情致也高，但有一点，你写的是‘早梅’，用‘数枝开’体现‘早’意还不够好，不如用‘一枝开’。梅花开于百花之前，是谓‘早’；此‘一枝’又先于众梅，更见‘早’意。”齐己听后，佩服不已，整整僧衣，向郑谷恭敬施礼：“妙啊！虽是一字之别，意境却大不相同！您是我的一字之师啊！”成语“一字之师”即由此而来。

陌野孤村，大雪中，一梅早开，素艳幽香，傲然独开，好一幅风韵十足的“寒雪早梅图”！前人评论此诗：齐己咏物写景，清丽传神，堪称诗林“咏物台”上的一枝独秀！

朔风解意莫摧残

梅花

〔唐〕崔道融

数萼初含雪，孤标画本难。
香中别有韵，清极不知寒。
横笛和愁听，斜枝倚病看。
朔风如解意，容易莫摧残。

【译文】

梅花初开，花萼中都含着雪。雪中梅，艳而不俗，清香四溢。如此美丽孤傲的梅花，即使要入画，想必也难以画出花之精神、花之魂。

梅花之香别有韵致，清雅得好像它从不觉得冬日寒冷；天越寒，梅越香。

远处是谁横笛在吹《梅花落》？听得人心中愁思万千。看那一树树梅花啊，梅枝横斜，似乎也含愁带忧。

北风如果有情，如果能理解梅花凌寒怒放的心意，就请不要

◎《梅花图》 清代 金农

再摧残它了，它只是想为这冷寂人间多添一些清香。

【鉴赏】

崔道融，唐朝诗人，自号东瓯散人。东瓯，温州及浙江南部沿海地区的别称。东晋葛洪《抱朴子》云："东瓯之木，长洲之林，梓豫虽多，而未可谓之为大厦之壮观，华屋之弘丽也。"

崔道融曾任永嘉县令，后入朝为右补阙，不久又因战乱入闽，空有一腔抱负却无处施展。崔道融一生仕途不甚如意，诗文中多有抑郁之气。

《梅花》一诗中所描写的梅花，虽也香远益清，但是寂寞清冷。

和崔道融同一时代的另一诗人张九龄《感遇》诗云："草木有本心，何求美人折。"世间一草一木都有自己的本心，它们并不需要人们来攀折、欣赏，譬如兰叶葳蕤、桂花皎洁，有没有人欣赏，它们照常葳蕤皎洁。梅花亦然，有没有人看花，梅花都会凌寒怒放、清香幽远，寂寞不在花，在人。

崔道融笔下的梅花，数萼含雪，孤标难画，香韵清寒，疏影横斜，朔风摧残。冷清愁苦，皆是寂寞使然。

天寒地冻梅花开，梅开则春将来。而崔道融看梅，却无大地春回的欢乐，他只希望北风不要再摧残如此美好的梅花了——梅花虽耐寒，但也经不起一次又一次的摧残。

一切景语皆情语，所谓托物寓感，寓景于情，情景相生，物我双会。大抵崔道融心中孤寒久矣，心间的孤寒不因人间的寒暑而转移，看花花悲，见叶叶哀。

人生在世，的确有很多无奈，但生活从来都是喜忧各半。与其请求北风解意莫摧残，不如自己坚强又洒脱，凡事尽力而为，凡事顺其自然，珍惜眼前，活在当下，让每一个瞬间都是欢喜的。即使不能时时欢喜，也要处处心平气和。

想开了，看淡了，也就从容自在了。

寒梅近水花先发

早梅

〔唐〕张谓

一树寒梅白玉条，迥临村路傍溪桥。
不知近水花先发，疑是经冬雪未销。

【译文】

一树梅花凌寒早开，那枝条远看仿佛如洁白的玉。

这梅树呀，它长在僻静的溪水桥旁，离那条人来车往的村路很远。

因为临近水源，所以它早早地就开花了。

但是不知情的人，还以为那一树雪白是经冬未消的白雪。

【鉴赏】

这首诗写的也是早梅凌寒盛开的风姿。

“一树寒梅白玉条”，形容寒梅洁白如玉，惹人喜爱。

这么高洁的花，它当然是不流俗不合群的，自然不长在人群熙攘车马喧嚣的村路边。人多的地方，口舌多，车马多，容易起风，容易起尘。它生长在哪儿呢？“迥临村路傍溪桥”，在一条偏远的溪流旁，溪上有桥。看，它多会给自己选择地方。傍水临桥，有源有本，不与世俗为伍，但也并非与世隔绝让人无处可寻。真正懂花的人，真正要看花的人，可以在那清幽之地，静赏其美。

那些优秀的人何尝不是如此？越优秀的人，往往越不合群，他们不是孤僻，而是不肯随大流；比起盲目合群，他们更愿意有原则、有选择地社交。他们知世故而不世故，历圆滑而弥天真。他们总能保持清醒，知道自己应该去哪儿，应该做什么。那些喧

◎《梅石蛱蝶图》 明代 陈洪绶

哗纷扰的窗，他们主动掩上，但也总会留一扇门，只为知音而开。更多时候，他们怀抱理想自在独行，看似失去了一些世俗的热闹，但他们收获了天空中闪耀的星光，遇见了波澜壮阔的海洋。

“不知近水花先发，疑是经冬雪未销。”寒梅开放，远远望，似玉如雪；走近了才发现，似玉非玉，似雪非雪，一树清香沁人心脾。这种认知，经过了一个由远及近、寻觅探索的过程。宋朝王安石“遥知不是雪，为有暗香来”句，和张谓“不知”“疑是”句，有异曲同工之妙，也是先疑为雪，只因暗香袭来，才知道是梅而非雪。

有花，有香，这是至关重要的。人生在世，开出自己的花，结出自己的果，就是对自己最好的介绍。如果人生是一道证明题，我们的所作所为就是最好的答案。

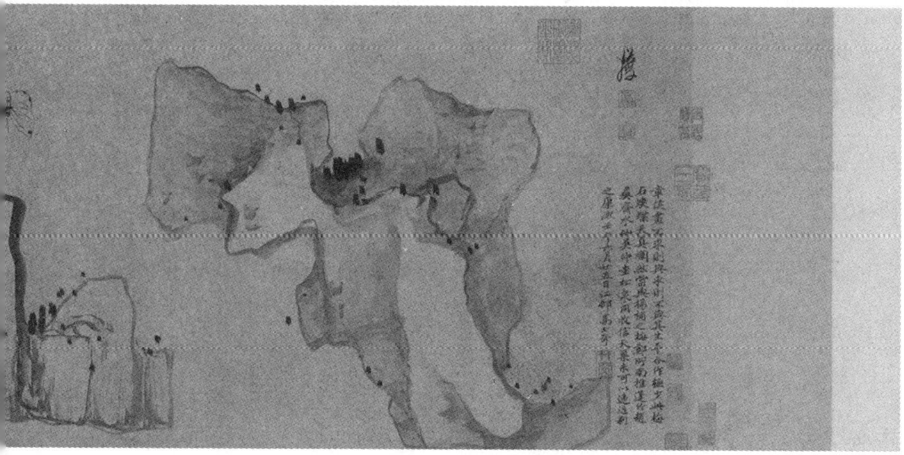

遥知不是雪，为有暗香来

梅花

〔北宋〕王安石

墙角数枝梅，凌寒独自开。
遥知不是雪，为有暗香来。

【译文】

在那僻静的墙角，有几枝梅花冒着严寒独自盛开。

即使离得很远也能知道，那洁白一片的是梅花不是雪，因为有沁人的花香飘来。

【鉴赏】

王安石，字介甫，号半山，抚州临川（今江西抚州市）人。北宋著名思想家、政治家、文学家，“唐宋八大家”之一。

宋神宗熙宁元年（1068年），王安石上《本朝百年无事札子》，主张“发富民之藏”以救“贫民”，提倡富国强兵，进行全面改革。熙宁三年（1070年），宋神宗任命王安石为同中书门下平章事，位同宰相；王安石在全国范围内推行新法，开始进行大规模的改革。熙宁七年（1074年）春，天下大旱，饥民流离失所，新法反对派趁机联合上谏，施压宋神宗罢免王安石。熙宁八年（1075年）二月，王安石再次拜相，但此时大势已去，新法很难继续推行。熙宁九年（1076年）十月，心灰意冷的王安石辞去官职，退居江宁。《梅花》一诗即写于此时。

阔大的庭院，偏僻的墙角，一株梅树寂寞生长。处境虽艰，但梅树不卑不亢，兀自开花，静静送香。孤独的王安石，见此景，心中激起万千波澜。梅花似他，他似梅花。

想他一生起起落落，过往种种是功业或是罪过，任人评说。他不在意一时的浮沉，因为他知道他是谁，也知道他为这世界留下了什么，即使如今失意，他亦从未忘却初心。人生海海，总会遇着阴冷的水域，但也会有温暖的河流。他知道怎样在风光处耀目，也知道怎样在落魄中自处。就像那傲骨铮铮的梅花，长于墙角，兀自开放，花白如雪，但它不是雪，它有它独属的清香。长在哪儿或许重要，但更重要的是，无论长在哪儿都尽其所能地开花溢香。哪怕是孤芳自赏，也要瓣瓣明艳，馨香沁人。

开时似雪，谢时似雪

盐角儿·亳社观梅

〔北宋〕晁补之

开时似雪，谢时似雪，花中奇绝。
香非在蕊，香非在萼，骨中香彻。
占溪风，留溪月，堪羞损、山桃如血。
直饶更、疏疏淡淡，终有一般情别。

【译文】

梅花开的时候像雪，凋谢的时候仍然像雪，这在百花之中是绝无仅有的。

它散发出的清香不在花蕊，也不在花萼，而是从骨子里出来的。

梅花的非凡气韵吸引了从清溪上吹来的风，以及溪中月影，还羞煞了殷红如血的桃花。

纵使梅花已开始凋谢，疏影横斜，但它终究还有着其他媚俗之花不可比的情致。

【鉴赏】

晁补之，“苏门四学士”之一。据《宋史》记载，晁补之17岁时，晁父去杭州做官，补之随行，路上写了一篇记述钱塘风物的文章《七述》；当时，苏轼也在杭州做官，晁补之前去拜谒，并拿出《七述》请苏轼指正，苏轼读后叹道：“吾可以搁笔矣！”又称赞晁补之：“于文无所不能，博辩俊伟，绝人远甚，将必显于世。”

◎《梅花图》 清代 金农

大抵文人名士皆偏爱梅花，晁补之亦然。

晁补之笔下的梅花是出尘脱俗的，你看它，“开时似雪，谢时似雪”。不过，如果你以为梅花只是花色好看那就错了，梅花香气亦芬芳。更妙的是，梅花的清香不是从花蕊散发出来的，也不是从花萼散发出来的，而是从骨子里散发出来的，所谓“骨中香彻”。

花色好看、清香彻骨的梅花，连溪上清风、溪中月影都为之沉醉，更是羞煞了红艳如火的山桃花。

倘若以人作比，梅花应是有着漂亮皮囊又有着芬芳灵魂的名士。

在这个世界上，漂亮的皮囊很多，有趣的灵魂太少。

生而为人，拥有漂亮的皮囊那是幸事，倘若“美则美矣，毫无灵魂”，则难免乍见欢喜、处之乏趣。倘若相貌平平无奇，但骨子里深藏趣味，也是极好的呀，与其久处不厌。而那些既有着漂亮皮囊又有着有趣灵魂的人，真是如梅花一般了，人见人爱。

梅花还有一个妙处，那就是纵使花儿凋谢了，但它疏疏淡淡的样子，又有另一番惹人倾心的情致，真是可繁花似锦也可淡云流水。

晁补之作此词时是他被贬为亳州通判之际，他是要借梅言志吧。生活难免会有高低浮沉，不如笑对，纵使风雨如晦也要初心不改，如梅花，开时似雪，谢时似雪，经得起繁华耐得住寂寞，无论怎样都傲骨生香。

人间第一枝

菩萨蛮·春风试手先梅蕊

〔北宋〕赵令畤

春风试手先梅蕊，頩姿冷艳明沙水。
不受众芳知，端须月与期。
清香闲自远，先向钗头见。
雪后燕瑶池，人间第一枝。

【译文】

春风要唤醒冰封雪盖的万物，就让它最喜爱的梅花先吐出嫩嫩的花蕊。姿容美丽、冷韵幽香的梅花啊，伴着它的是明沙净水。

遗憾的是，迎寒报春的梅花不被其他花儿理解。罢了，不被理解又何妨？冰清玉洁、丰姿绰约的梅花也只应与皎洁明月做伴。

梅花香气清幽淡雅，即使它不张扬还是香气远布，所以它一开放就被爱美的女子簪在了发间。

大雪过后，西王母在瑶池设宴，梅花也被邀为座上宾，因为它是人间报春的第一枝花呀。

【鉴赏】

宋朝是中国历史上植梅的繁盛时期，咏梅的作品也很多。赵令畤的这首《菩萨蛮·春风试手先梅蕊》借物寓意，意味深远。

“春风试手先梅蕊，頩姿冷艳明沙水。”春风要吹暖大地，吹起人间千色，它选了梅花做先行官，因为它知道，世间百花也只有梅花能当得起这报春的大任。

“不受众芳知，端须月与期。”春风对梅花的信任，其他花儿很是不解。梅花不计较是否被理解，它只是不亢不卑地在明沙净水间开它的花、报它的春，因为能和它相知交好的也只应是同样冰清素洁的明月，至于其他，顺其自然就好。

在这个世界上，被人理解是幸运的，但不被理解未必不幸，因为不被理解才是和这个世界相处的常态。“人不知而不愠，不亦君子乎？”一个把自己的价值完全寄托于他人的理解之上的人，往往并无价值。

也有种说法是：“优秀的人都是孤独的，优秀的人往往都不合群。”其实，不合群的人不一定优秀，而真正优秀的人也不是不合群，只是他的群里没有你而已。就像清高的梅花，它并非不合群，只是能与它合群的也得是冰清素洁之辈，譬如明月，譬如白雪。

“清香闲自远，先向钗头见。”梅花香，它香得不张扬，更不会主动求人来赏、来嗅，因为真正爱香惜香的人会不求自来。你看，梅花一绽放，佳人们就循香而来，还万般怜爱地将梅花簪于发间。

“雪后燕瑶池，人间第一枝。”西王母在瑶池设宴，也特意邀请梅花赴席。

做人当如梅花。与其四处社交求赏识，不如静下心来踏踏实实提升自我，让自己变得优秀。当你足够优秀时，自然会吸引来同样优秀甚至更优秀的人，你想要的一切也都会来找你。正所谓:你若盛开，清风自来，蝴蝶自来。

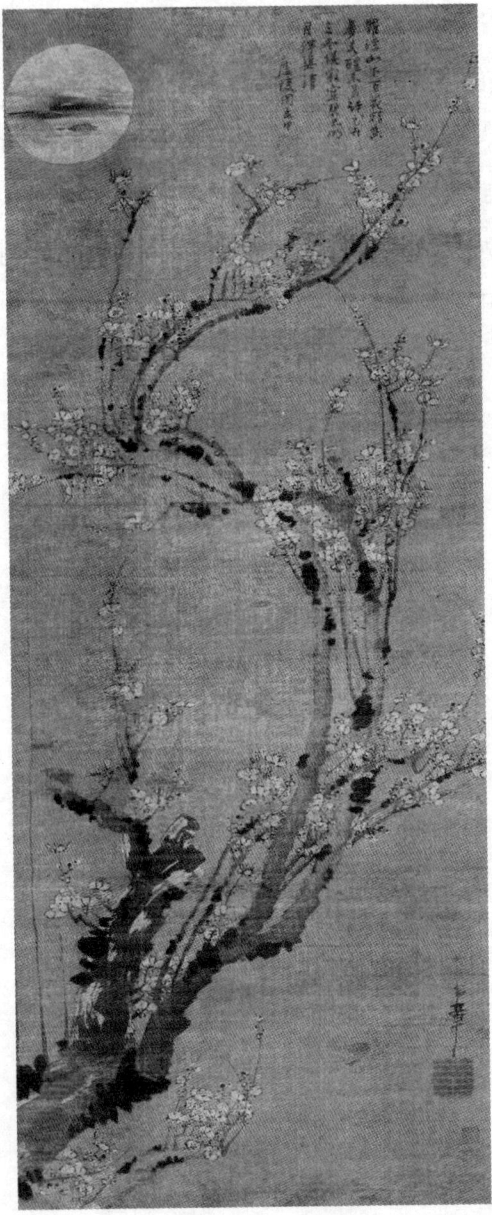

◎《万玉图》 明代 陈录

此花不与群花比

渔家傲·雪里已知春信至

〔南宋〕李清照

雪里已知春信至，寒梅点缀琼枝腻。
香脸半开娇旖旎，当庭际，玉人浴出新妆洗。
造化可能偏有意，故教明月玲珑地。
共赏金尊沈绿蚁，莫辞醉，此花不与群花比。

【译文】

白雪皑皑，大地银装素裹，就在这银色的世界里，一树寒梅点缀其间，那覆雪悬冰的梅枝晶莹剔透。见着梅花开，人们就知道春天要来了。

那初开的花啊，芬芳娇美，楚楚动人，它们开在庭院里，就像刚刚出浴，换了新妆的美人。

大抵上天对梅花极为偏爱，所以在夜色降临时，又让月光照拂它。月下梅花，美得高洁出尘。

值此花好月圆的良宵，让我们举杯开怀畅饮吧，请不要推辞说不胜酒力。要知道，群花竞艳，任哪个都比不上梅花。

【鉴赏】

李清照是南宋杰出的女词人，她的词中大多都有花木出现，而在众多花中，她对梅花情有独钟。或许可以这样说，读李清照的词，绕不过她那些妖娆多姿的梅花词。不同姿态的梅花，藏着她不同的心事，梅花与她心意相通，她之平生际遇，都暗含在她笔下的梅花词里。

据考证，《渔家傲 · 雪里已知春信至》作于宋徽宗建中靖国元年（1101 年）。这一年，李清照 18 岁，与时年 21 岁的太学生赵明诚在汴京成婚。该词写于婚前还是婚后，或者订婚之际，这并不重要。重要的是，通过词意可见，李清照对这桩婚事是满意的，对未来的婚姻生活充满美好期待。

梅花是“雪中高士”，开于冬春之交。“惊时最是梅”，梅花最能唤醒人们的时间意识，使人们萌生新的希望，所以梅花也被称作报春之花，所谓“雪里已知春信至”。

“香脸半开娇旖旎，当庭际，玉人浴出新妆洗。”寒梅初放，光润明艳，冰清玉洁。写梅即写人，花美即人美。

“造化可能偏有意，故教明月玲珑地。”上天也是极为宠爱梅花的，入夜后又让澄澈皎洁的月光照拂它；在溶溶月色的映照下，梅花更有一番神韵，疏影横斜，暗香浮动，美不胜收。

晚于李清照的南宋诗人杨万里，也写过月下梅花，其诗云：“天恐梅花不耐寒，遣将孤月问平安。未须一夜都开尽，留取前前后后看。”在杨万里看来，上天宠爱梅花，担忧它不耐清寒，所以就派明月嘘寒问暖。

“共赏金尊沈绿蚁，莫辞醉，此花不与群花比。”花月相照，花好月圆，此景此情太美好，自是要举杯拼一醉的。

“此花不与群花比”句，可见欣悦自赏之情。百花凋零的冬天，唯有梅花迎着风雪傲然怒放，“一树独先天下春”。如此高格独迥、孤标逸韵、冰清玉洁的梅花，岂是其他花木可以比得了的？那赏花的人亦是卓尔不群，她年少得志，早早地就名满京都，18 岁时又嫁了年轻有为的赵明诚，两情相悦；有惊世才情，又有如意婚姻，要她如何不有春风得意之情？她有足够的理由如梅花那般自赏自傲，吟出“此花不与群花比”句，也是借物言情，意味深远。

◎《松梅图》 清代 吴昌硕

桃李莫相妒，未肯十分红

红梅

〔南宋〕王十朋

桃李莫相妒，夭姿元不同。
犹余雪霜态，未肯十分红。

【译文】

桃花和李花请不要嫉妒在寒冬绽放的红梅，一种花和另一种花的姿态以及开花的时间本来就不相同。

红梅经霜历雪，所以它身上有着霜雪留下的痕迹。虽然是红梅，花色却并不是十分红艳。

【鉴赏】

诗人写红梅，起笔却先请桃李登场。桃红李白，众所周知，那么，桃花和李花嫉妒红梅什么呢？红梅兼有桃的“红”和李的“白”，红红白白，自成一格。一花兼具两花之美，且在百花凋零的寒冬独自盛放，一树独占天下春，也难免会招惹嫉妒。

但是，有什么好嫉妒的呢？一种花和另一种花，天资本就不同，嫉妒又有何用？就像一个人和另一个人，出身不同，天赋不同，阅历不同，喜好也不同，自然会有不同的生活方式，有什么好攀比的呢？不如做好自己，过好适合自己的生活。

适合自己的才是最好的。不要羡慕别人，更不要心生嫉妒，桃花就是桃花，梅花就是梅花，可以彼此欣赏，不要相互比较。

“犹余雪霜态，未肯十分红。”红桃白李看到了梅花红红白白煞是动人，可它们看到梅树经霜历雪了吗？每一份风光背后，都藏着为此而付出的努力。诚如现代著名作家冰心诗云：“成功的花，人们只惊羡她现时的明艳！然而当初她的芽儿，浸透了奋斗的泪泉，洒遍了牺牲的血雨。”

芳姿绰约的梅花，它的气质里藏着它经过的寒霜，历过的冷雪，所谓“犹余雪霜态，未肯十分红”。红红白白的花瓣，就是它傲霜斗雪的痕迹啊！

“未肯十分红”，点出了梅花谦逊的品质和高洁的操守。梅花有娇艳的外表美，也有高洁的内在美。它本来可以高傲地释放它的美，但为了避免引起“与桃李争艳”的嫌疑，它选择了“未肯十分红”。

谦逊，是一种涵养，也是一种境界，更是一种智慧。

明朝洪应明《菜根谭》云：“标节义者，必以节义受谤；榜道学者，常因道学招尤。故君子不近恶事，亦不立善名，只浑然和气，才是居身之珍。”为人沉敛，胸襟开阔，待人谦和有礼，看似低调无争，实则人格高贵，气度不凡。

“未肯十分红”同时也呼应了“桃李莫相妒”。为何劝告“桃李莫相妒”，因为梅花“未肯十分红”呀。人家“有才而不骄，得志而不傲”，处处包容谦让，你们就不要再无事生事了，有工夫嫉妒，不如多下功夫开自己的花结自己的果吧！

◎《梅花图》 清代 金农

只有香如故

卜算子·咏梅

〔南宋〕陆游

驿外断桥边，寂寞开无主。
已是黄昏独自愁，更著风和雨。
无意苦争春，一任群芳妒。
零落成泥碾作尘，只有香如故。

【译文】

在荒野驿站之外，在残破的桥边，梅花寂寞地绽放。

暮色四起，无人来赏，已够梅花忧愁的了，偏偏又袭来一阵阵凄风苦雨。

梅花从未想过要和谁争芳斗艳，所以它也不在乎别的花嫉妒或排斥它。

纵使它凋零了，被碾入泥土，又化作尘埃，它的清香却永留世上。

【鉴赏】

陆游，生于北宋覆亡之际，长于南宋高宗、孝宗、光宗、宁宗时期。他诗词出众，书法亦佳，用明人程敏政的话说就是，其“诗甚流丽，而字亦清劲可爱”。

陆游还有一个令人称道的标签：“爱国诗人”。

周恩来总理对他评价甚高：“宋诗陆游第一，不是苏东坡第一。陆游的爱国性很突出，陆游不是为个人而忧伤，他忧的是国家、民族，他是个有骨气的爱国诗人。”

著名作家钱锺书也说：“爱国情绪饱和在陆游的整个生命里，洋溢在他的全部作品里。他看到一幅画马，碰见几朵鲜花，听了一声雁唳，喝几杯酒，写几行草书，都会惹起报国仇雪国耻的心事，血液沸腾起来，而且这股热潮冲出了他的白天清醒生活的边界，还泛滥到他的梦境里去。”

陆游一生都渴望见到王师北伐收复失地，临终还不忘留下绝笔《示儿》作为遗嘱：“死去元知万事空，但悲不见九州同。王师北定中原日，家祭无忘告乃翁。”

《卜算子 · 咏梅》一词，陆游咏的是高洁坚贞的梅，也咏他自身的拳拳爱国心、殷殷报国志。

“驿外断桥边，寂寞开无主。”驿站在郊野古道上，梅树在驿站外，紧邻一座断桥。如此寂寥荒寒之地，梅花即使盛开又有谁来欣赏呢？人也一样，纵有一身才华一腔抱负，倘若不被重用，也只能孤芳自赏了。

“已是黄昏独自愁，更著风和雨。”身处荒僻之境的野梅，

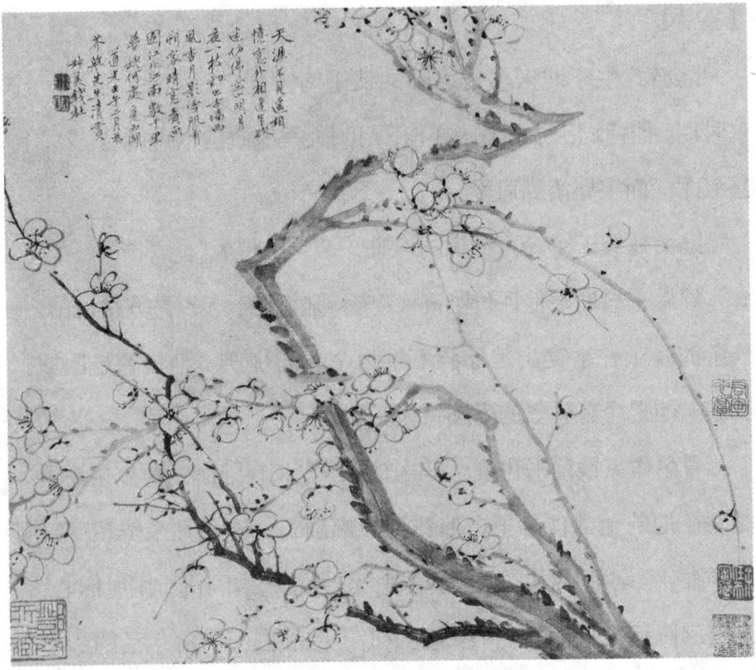

◎《墨梅图》 清代 钱杜

白日里倒还盼着兴许会有行人偶然路过，一到黄昏就连这点盼头也破灭了，只能独自嗟叹。黄昏场景已是惹人愁，偏偏又遭风吹雨打。此景此情，个中滋味，大抵只有那怀才不遇又横遭排挤的人最能体会吧。

“无意苦争春，一任群芳妒。”梅花生在世上，无意于炫耀自己的美丽，也不肯媚俗去招蜂引蝶，为了不与百花争夺春色或分享秋光，它选择在冰天雪地里孤独开放。尽管如此，还是摆脱不了百花的嫉妒，或许它的“无意争春”会被认为是“自命清高”“别有用心”吧。

想他陆游一生，何尝不是无意争春却又处处遭妒？陆游早年赴临安参加锁厅考试，因才学超群被取为第一，名列秦桧之孙秦埙之前，秦桧为此大怒；次年，礼部考试，秦桧竟指示主考官不得录取陆游。就这样，陆游的仕途之路被封。直到五年后，秦桧病逝，陆游方得入仕。他一心报国，力主抗金、收复中原，但在那时，南宋朝廷偏安一隅，对眼前的剩水残山颇为满足，有几个人真的在意河山是否完整？那些主和派不惜力气排挤陆游，但这并不能磨灭陆游的爱国热情，他总是想着，或许再多上几次书，就能扭转风向，朝廷就会兴兵驱逐金人。就像驿站外断桥边的梅花，哪怕长在一条人迹罕至的路旁，还是盼望着有人路过，有人来赏。遗憾的是，陆游终其一生都没能等到“王师北定中原”。

“零落成泥碾作尘，只有香如故。”寂寞的梅花，不堪狂风骤雨的摧残，纷纷凋落。落花委地，与泥水混杂，不辨何者是花，何者是泥。成泥作尘的花呀，纵是这般仍不媚俗、不屈服，花不在了，花香犹存。

好一个“只有香如故”！即使身处逆境也矢志不渝，即使一路坎坷也坚贞不屈，即使成泥成尘也不减清香，如此，花是绝世之花，人是绝世之人！

欲传春信息，不怕雪埋藏

梅花

〔南宋〕陈亮

疏枝横玉瘦，小萼点珠光。
一朵忽先变，百花皆后香。
欲传春信息，不怕雪埋藏。
玉笛休三弄，东君正主张。

【译文】

大雪覆盖梅树，疏落的梅枝显得更为清瘦了，但梅枝上一朵朵含苞待放的花却在雪花的陪衬下，闪着明洁耀眼的光芒。

忽然有一朵梅花率先绽放了，这就把那些只能在春暖大地时才能竞吐芳香的百花，远远地抛在了后面。

梅花一心要将春天悄然而至的信息传递给渴望春天的人们，又怎会惧怕大雪欺压，纵使落雪再厚也不能将它埋藏！

悲观消极的人啊，请不要再横笛吹奏那伤感的古曲《梅花三弄》

了，司春之神会为坚贞高洁的梅花做主，他不会让报春的梅花因为一支忧伤的曲子而早早地凋谢。

【鉴赏】

《宋史》记载，南宋文学家陈亮“生而目光有芒，为人才气超迈，喜谈兵；议论风生，下笔数千言立就”。陈亮一生力主抗金，虽然他竭忧于国事，多次上书朝廷，反对苟合偏安，倡言收复中原，完成统一大业，但终未被重用。

在《梅花》一诗中，陈亮歌颂梅花“一朵忽先变”“不怕雪埋藏”，颂其高洁坚韧、不畏挫折、敢为天下先的品质，既是咏梅，也是咏自己的理想情怀。

诗中提及的“玉笛休三弄”，“三弄”指古曲《梅花三弄》。

古有笛曲《梅花曲》，据传是东晋名将桓伊所创，后来由唐代名士颜师古改编为古琴曲，名为《梅花三弄》，又名《梅花引》或《玉妃引》。所谓梅花三弄，梅花一弄弄清风，轻音泛，娇羞百媚冰雪莹；梅花二弄弄飞雪，花枝俏，馨香缕缕温入怀；梅花三弄弄光影，枝头煦，一片春风扑面袭。梅花三弄所蕴含的精神是，梅花无畏笑弄霜雪，既无怒目环眼，又无悲怆恐慌，而是一派乐观向上、贞洁高雅的君子之风。

明代金陵琴家杨抡在其古琴曲著作《伯牙心法》中又这样解读《梅花三弄》：“梅为花之最清，琴为声之最清，以最清之声写最清之物，宜其有凌霜音韵也。”

陈亮“玉笛休三弄”句，更多的是借用了唐人张祜“桓伊曾

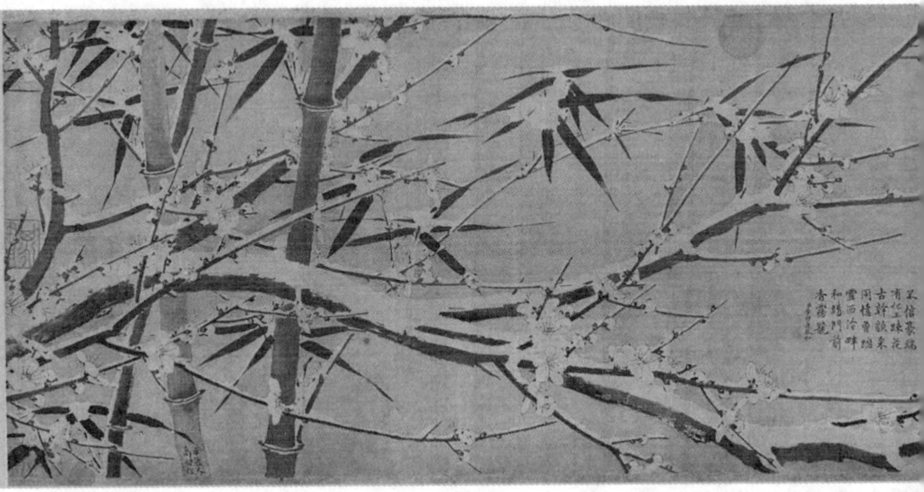

弄柯亭笛，吹落梅花万点香”的诗意，即《梅花曲》笛曲起，梅花朵朵凋落。所以他写道：“玉笛休三弄，东君正主张。”你们一回回吹奏《梅花曲》又有什么用呢，主宰春满大地的是司春之神啊，春神就要来到人间，他不会让梅花轻易凋零；纵使梅花凋落，也没有谁能挡住春神的脚步！同理，投降派种种苟且的言论，又怎能阻挡历史车轮的滚滚前进呢？

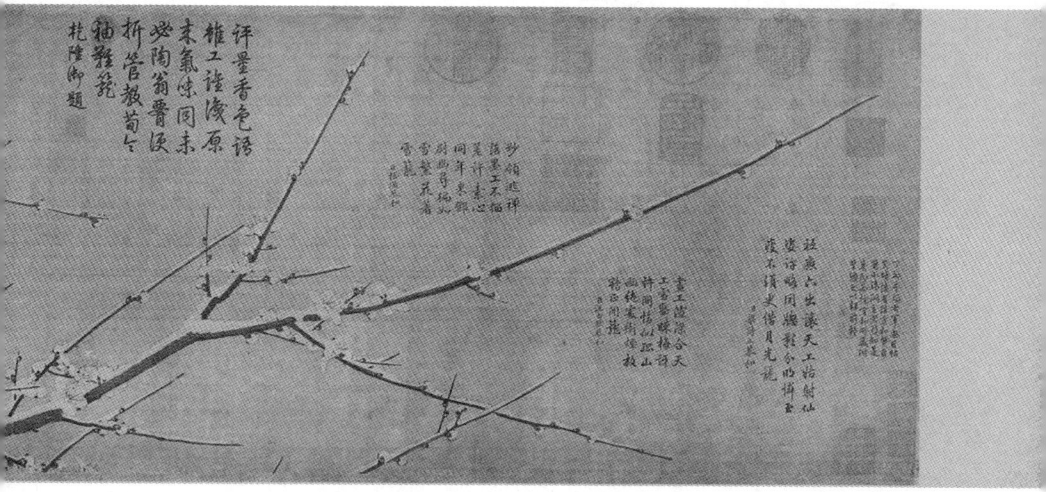

◎《雪中梅竹图》 南宋 徐禹功

此诗可见陈亮对抗金的胜利、国家的前途，都充满了必胜的信心。值得一提的是，一生力主抗金、反对投降的陈亮，因多次上书指陈时弊，触怒了主和派的许多官僚，多次遭诬入狱，但这并未能改变陈亮主张收复失地的志向。

玉堂茅舍一般春

昭君怨·梅花

〔南宋〕郑域

道是花来春未，道是雪来香异。
竹外一枝斜，野人家。
冷落竹篱茅舍，富贵玉堂琼榭。
两地不同栽，一般开。

【译文】

说它是花吧，可是百花盛开的春天明明还没到来它就开了；说它是雪吧，它又散发出缕缕清香。

在青翠挺拔的竹林旁，在山乡农家的院落里，它不畏严寒，傲然绽放。

其实，不管是在偏僻冷清的山野人家，还是在有着亭台水榭的富贵之地，它都从容地开着花。

【鉴赏】

南宋词人郑域《昭君怨 · 梅花》质朴无华，却比兴甚佳，小中见大，弦外有音，堪称佳作。

虽是咏梅，郑域起笔却不正面点破“梅”字，而是用“春未”“香异”暗示梅花在隆冬开放，花白如雪，清香袭人。

尤其“道是雪来香异”句，令人不由想起另一些描写雪中梅香的诗词。如古乐府“只言花似雪，不悟有香来”，又如北宋王安石“遥知不是雪，为有暗香来”，再如北宋晁补之“开时似雪，谢时似雪，花中奇绝。香非在蕊，香非在萼，骨中香彻”，以及南宋卢梅坡“梅须逊雪三分白，雪却输梅一段香”等句。

山野中的梅花，“竹外一枝斜”，尽显幽独娴静之美。

梅花的品性是那样纯洁又高尚。无论将它栽于竹篱茅舍，还是栽于玉堂琼榭，它都会不改本色地开花。

郑域“冷落竹篱茅舍，富贵玉堂琼榭”句，应是化用晁补之“清浅小溪如练，问玉堂何似，茅舍疏篱”句。

宋人似乎颇喜以“玉堂茅舍”来表达梅花的高尚情操。如南宋王迈《寄呈漳守李侍郎元善》诗云：“惟有梅花无冷暖，玉堂茅舍一般春。”又如南宋刘克庄《次韵赵克勤吏部六首》（其四）诗云：“未可被渠瞒老眼，玉堂茅舍一般花。”再如南宋李曾伯《声声慢 · 和韵赋江梅》词云：“修洁孤高，凌霜傲雪，萧然尘外丰姿。一白无瑕，玉堂茅舍俱宜。”还有南宋张道洽《梅花》诗云：“野意终多官意少，玉堂茅舍任安排。”南宋何梦桂《水龙吟 · 分知白首天寒》词中也写道：“玉堂茅舍，风流随处，年年孤另。”

竹篱茅舍、玉堂琼榭，梅花都能傲然开花。“两地不同栽，一般开”，可见梅花“贫贱不移，富贵不淫，威武不屈”的高尚情操。

做人应如梅。

人生海海，起起伏伏，最难得又最可贵的是，无论高居庙堂还是身处闾巷，无论得意还是失意，也不管历经怎样的风雨，如何在时明时晦的世事里百转千折，都能坚守本真，不改初衷，不亢不卑、不盈不矜地开好自己的花。

◎《梅石溪凫图》 南宋 马远

雪却输梅一段香

雪梅二首

〔南宋〕卢梅坡

其一

梅雪争春未肯降，骚人阁笔费评章。
梅须逊雪三分白，雪却输梅一段香。

其二

有梅无雪不精神，有雪无诗俗了人。
日暮诗成天又雪，与梅并作十分春。

【译文】

其一

梅花和雪花都认为自己是报春使者，也都认为是自己装点了春光，两者谁都不服谁。到底谁略高一筹呢？惯会咏梅咏雪的文人骚客，对此也难以评论高低，只得搁笔好好思量。

那就说句折中的话：梅花须逊让雪花三分晶莹洁白，雪花却输给梅花一段清香。

其二

在冬日，如果梅花开了，却少了雪花，看起来就缺了些精气神；如果雪也下了，但没有诗文相合，赏梅赏雪的人就会显得俗气。

天寒日暮雪花飘，诗写好了，梅花也开好了，雪中梅，梅上雪，诗中有梅也有雪，赏梅，赏雪，吟诗，如此这般，才算是得了春的韵味啊。

【鉴赏】

卢梅坡，生于何年卒于何年，籍贯何处，生平事迹如何，鲜有史料记载。以博闻强识闻名于世的钱锺书在提及卢梅坡时，也只得含糊地说，清代学者厉鹗《宋诗纪事》“卷六十六有卢钺，字威仲，永福人，疑梅坡其号也”。

有史可查的是，卢梅坡和南宋文学家刘过交好，据此推测，卢梅坡也应是南宋人。

卢梅坡存世诗文不多，但《雪梅二首》已足够他留名千古了。

《雪梅二首》其一，以拟人手法写梅雪争春，各说各的好，各执一词，谁也不肯相让。这种写法，实在是新颖别致，妙趣横生。

梅雪相争，难判高低，诗人就做了和事佬：梅呀雪呀你们都好，如果一定要说有什么不一样，那就是梅不如雪白，雪没有梅香。

《雪梅二首》其二中，诗人把“诗”也拉进来了，诗人说：

梅花最令人佩服的就是不畏严寒，天越冷，雪越大，梅花越精神，越叫人着迷。倘若梅花开在风和日丽里，虽然也美，但总少了些韵味。梅开正好，飞雪满天，这还不够，要有诗，没诗就俗了。赏梅，观雪，吟诗，三者皆得，这才是天下头等雅事。

这两首既有情趣又有理趣的诗，意在言外：人或天下万事万物，皆各有所长亦各有所短，要看到自己的长处，更要看到别人的长处，还要有自知之明，看到自己不如别人的地方。取人之长，补己之短，才是正理。另外，世间万事万物皆有联系，相互作用，相互影响，一荣俱荣，一损俱损，唯有互相尊重互相爱护，才是活在春天里，才活出了生命的从容与美感。

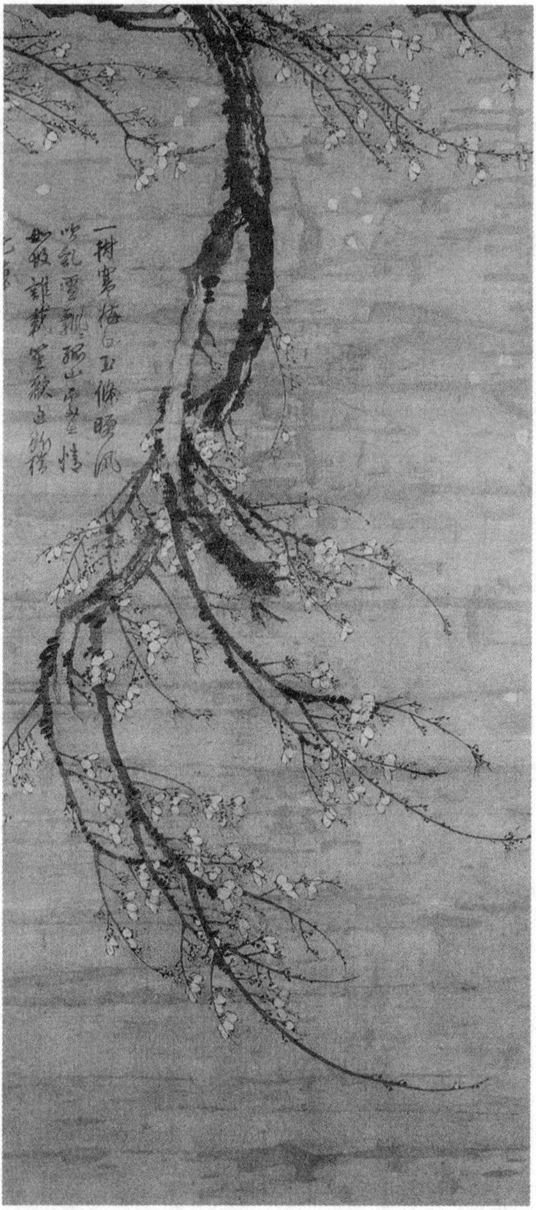

◎《墨梅图》　元代　王冕

不同桃李混芳尘

白梅

〔元〕王冕

冰雪林中著此身，不同桃李混芳尘。
忽然一夜清香发，散作乾坤万里春。

【译文】

梅树甘愿将自己置身于冰天雪地中，因为它不想像桃树、李树那样陷于流俗染尽红尘。

在某个夜里，梅花忽然就盛开了，洁白如雪，清香四溢，弥漫天地间，春意亦踏香而来。

【鉴赏】

王冕一生痴爱梅花，他种梅、咏梅，又喜画梅。在《白梅》诗中，他以梅自况，托物言志，抒发自己的志趣和品格。

“冰雪林中著此身”，本句用意有二：一是说，置身于冰雪中的梅树其性坚韧耐寒；二是，冰雪隐喻梅之冰清玉洁，待其花开，花亦色白如雪。

“不同桃李混芳尘”，夭桃秾李，花中之艳，香则香矣，可惜争春太苦，未能一尘不染，而梅花不染流俗，不肯与桃李同伍。梅花当然也要溢香，但它要的是清香，而不是混杂着尘垢的那种俗气芳香。

你认为品高志大、不落流俗的梅树是要出世修仙吗？不，梅树不愿与俗艳的桃李为伍，无意与众芳争春，不争不代表没有理想，也不代表不思进取，而是因为世间很多事，没必要去争。

《孙子兵法》云：“军有所不击，城有所不攻，地有所不争。”真正有智慧的人都懂得，人在世间应有所击有所不击，有所攻有所不攻，有所争有所不争。

不争，是一种大度，也是一种自信。水不争，自由自在；天不争，百鸟尽归。

若争，争的是向上，是力争上游，而不是争狠逞勇。若争，要争心而不争力，争道而不争事，争己而不争人。

梅，独立寒冬，不与桃李为伍，只因它为的是“忽然一夜清香发，散作乾坤万里春”。与其与百花争春，不如傲雪独放报春来。

这就是梅花呀，绝俗而入世，正如世间那些真正有智慧的人，他们有所争，有所不争，以出世的精神，做入世的事业。

只留清气满乾坤

墨梅

〔元〕王冕

版本一

我家洗砚池边树，朵朵花开淡墨痕。
不要人夸颜色好，只留清气满乾坤。

版本二

吾家洗砚池头树，个个花开淡墨痕。
不要人夸好颜色，只流清气满乾坤。

【译文】

我家洗砚池边有一棵梅树，朵朵开放的梅花是用淡淡的墨水点染而成。

它并不需要谁来夸奖它的颜色有多么好看，它在意的只是，要将清香之气弥漫在天地之间。

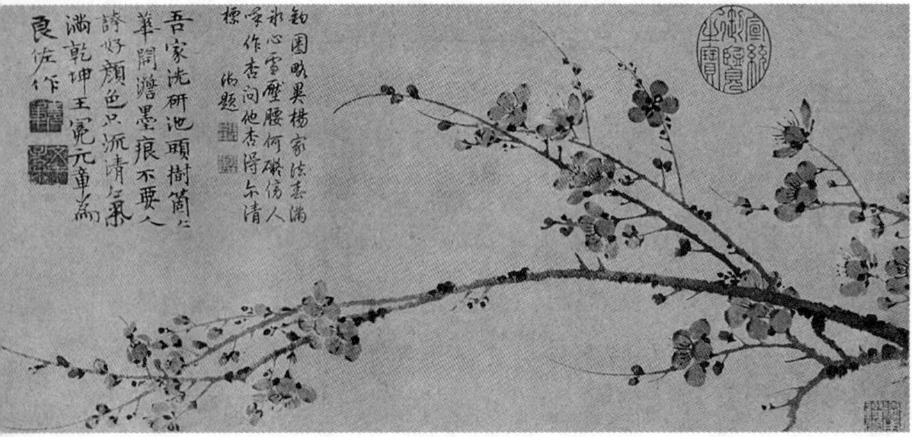

◎《墨梅图》 元代 王冕

【鉴赏】

这是一首题画诗，是元朝著名画家、诗人王冕为自己的画作《墨梅图》而题。

王冕学画的故事，小学语文课本中有收录。在那篇课文中，王冕画的是荷花，但王冕其实以画梅著称，尤攻墨梅。他画的梅，构图清新悦目，笔意简逸，用墨浓淡相宜，花朵的含苞、渐开、盛开都画得清润洒脱，生机盎然。

早年的王冕，有澄清天下之志，他学习击剑，研读兵书，渴望成就一番惊天动地的事业。遗憾的是，他屡试不第，又不愿巴结权贵，索性放弃仕途，绝意功名，归隐会稽九里山，作画易米为生。

《墨梅》一诗，王冕借梅自喻，表达自己不向世俗献媚的高洁操守，以及要在人间留下一抹清香的人生态度。

“我家洗砚池边树，朵朵花开淡墨痕。”画中小池边的梅树，花朵盛开，朵朵梅花都是用淡墨点染而成。“洗砚池”，化用王羲之“临池学书，池水尽黑”的典故。因王冕与王羲之同姓又为同乡，所以诗中称“我家”。

“不要人夸颜色好，只留清气满乾坤。”大自然中的梅花花色艳丽，但画中的梅花却是用淡墨画成，外表并不鲜艳，没关系，它根本没想过要用艳丽的色彩去吸引人、讨好人，从而求得人们的夸奖。如果梅花有所求，那也只是想散发沁人的清香，让香气弥漫天地之间。

“不要”“只留”两句，字面上是在赞誉梅花，实际上则是王冕的自我写照。他自幼家贫，白天放牛，夜晚苦读，终于满腹经纶，而且能诗善画，却屡试不第，罢了，那就“不求闻达于诸侯”，正直善良地活着，以诗以画为这世界多增一份清香、多添一份纯净。

“朵朵花开淡墨痕”“只留清气满乾坤”，这一“淡”一“满”尽显个性，墨梅的风姿与诗人的傲骨跃然纸上，翰墨之香与梅花清香亦扑面而来。

这一淡一满，照应的也是人生的一舍一取。

人生尽在取舍间。人在年少时，只知取，除了取得生命，还要取得食物，以求生存；取得知识，增长才干。成年之后，则要有取有舍，或取熊掌而舍鱼，或取繁忙而舍悠闲。取是一种能力，舍是一种智慧，取舍之间显本色，取舍之间见境界。

人当取其所必需，取其所当有；舍其不必有，舍其不当有。做好取舍，方得圆满。

第四章

一生心事问梅花

江南无所有，聊赠一枝春

赠范晔诗

〔北朝北魏〕陆凯

折花逢驿使，寄与陇头人。
江南无所有，聊赠一枝春。

【译文】

忽然遇着一个北去的驿使，我就折了一枝梅花，托他带给身在陇山的你。

这偌大的江南，我找不到更好的东西来表达我的情感，姑且就送你这一枝报春的梅花吧。

【鉴赏】

南北朝是南朝和北朝的合称，是中国历史上的一段大分裂和民族大融合时期，上承东晋十六国下接隋朝，由公元 420 年刘裕建宋始，至公元 589 年隋灭陈终。

南朝（420—589 年）有宋、齐、梁、陈四朝，北朝（439—581 年）

◎《梅竹图》 南宋 马麟

则有北魏、东魏、北齐、西魏和北周五朝。虽各有朝代更迭，但长期维持对峙形势，故称为南北朝。

陆凯是鲜卑人，效力于北魏；范晔是汉人，是宋王朝的臣子；分属于不同阵营且处于敌对状态的二人，却成了要好的朋友。

友情的美好就在于它可以超越血缘、地缘，超出家园与国家，拒绝功利，拒绝归属，它只是独立人格之间的互相呼应和确认，它使人们独而不孤，互相解读自己存在的意义。

陆凯在路上遇见一个驿使，这驿使正策马向北而去，陆凯赶紧拦住了驿使，因为他忽然想起了当时身在陇山的好友范晔。他和范晔大抵也好久没见了。什么是朋友呢？“相见亦无事，别后常忆君”，这就是朋友。陆凯拦住驿使，想请驿使帮他为范晔带点什么。带一封信？还是捎几句话？写信吧，其实没有什么事要写；捎话吧，也不知要说点什么。那就折一枝梅花，请驿使带给范晔。所谓“折花逢驿使，寄与陇头人”。

“江南无所有，聊赠一枝春。”江南无所有？自古以来，江南都是文物昌盛之邦啊，陆凯怎么就随便折了枝梅花送范晔呢？

君子之交，平淡如水，不尚虚华。在陆凯看来，此时江南，除了这枝梅花还堪赠送，送别的都显俗气。梅花多好，冰清玉洁又俊俏高雅，更何况梅花还是报春之花。

折梅寄友，寄的是江南早春，寄的更是期望友人春风得意、万事皆顺的美好祝福。

或许陆凯另有一意：你看，梅花都开了，春天将至，我们也该约个时间见面了吧。

范晔收到陆凯寄来的梅，应是会心一笑。人生得一知己足矣，况且这友人情趣还如此高雅！

来日绮窗前，寒梅著花未

杂诗三首·其二

〔唐〕王维

君自故乡来，应知故乡事。
来日绮窗前，寒梅著花未？

【译文】

您刚从我们家乡来，一定很了解家乡的人情事态。

请问您来的时候，我家窗前的那株梅树开花了吗？

【鉴赏】

当代诗人杨牧有首诗这样写道：“没有离开故乡的时候，故乡是一幅铺在地上的画。我在画中走来走去，只看到天边遥远的云霞。远远地离开了故乡的时候，故乡是一幅挂起来的画。一抬头便能看见，每当月下透过一层薄薄的纱。”

游子从来念故乡。无论是在觥筹交错间，还是在孤影徘徊里，故乡始终都是游子心中最深的依恋和牵挂。古往今来，概莫如此。

王维《杂诗》中的这位久在异乡的人，可以是王维，也可以是天下所有的游子。游子忽然遇见一个来自故乡的旧友，甚为欣喜，其强烈的思乡之情也被激起了。“君自故乡来，应知故乡事。”你刚从故乡来，应该很了解故乡的风物人事吧？自然是十分了解的。故乡来人见游子如此急切地探问，便笑着静候游子发问。

要问哪些“故乡事”呢？很多很多，甚至可以列一张长长的

◎《梅花双雀图》 南宋 马麟

问题清单。初唐诗人王绩写过一篇《在京思故园见乡人问》，他向乡人问了一大串问题，从朋旧童孩、宗族弟侄、旧园新树、茅斋宽窄、柳行疏密一直问到院果林花，仍然意犹未尽。

王维诗中的游子问了什么？“来日绮窗前，寒梅著花未？”

一个人对故乡的怀念，总是和那些与自己过去生活有密切关系的人、事、物联结在一起。所谓乡思，思的是故乡的亲朋故友、山川景物、风土人情，甚至是一些很平常、很细小但又亲切有趣的生活杂事。

游子踌躇半晌，竟问了句“我家窗前的那株寒梅有没有开花”，这一问，想必把同乡人也问愣住了。但这也正可说明，在游子心中，那株寒梅早已不是一般的自然之物，而是故乡的一种象征，是游子那千头万绪不知从何问起的思乡之情的集中寄托。

乡人或许这样答游子：窗前梅花开了呀，今年花开似乎比去年还要好呢。

梅花多情开，游子归不归？

归？不归？此时游子心，百尺风中旌。

啊，归意早胜花色浓，怎奈归期未可追。非是忘却来时道，山上有山归不得。

可以慰怀的是，归或不归，故乡的梅花始终都开在游子心上，花白如雪，清莹如玉。

梅花催人早白头

和裴迪登蜀州东亭送客逢早梅相忆见寄

〔唐〕杜甫

东阁官梅动诗兴，还如何逊在扬州。
此时对雪遥相忆，送客逢春可自由？
幸不折来伤岁暮，若为看去乱乡愁。
江边一树垂垂发，朝夕催人自白头。

【译文】

蜀州东亭里的梅花开了，你诗兴勃发，写下动人诗篇，就像当年在扬州咏梅的何逊那般高雅。

其实，在这样的时候，哪怕只是看到飞雪也会不由得想起远方的故人，更何况你去东亭送客竟又逢着梅花盛开，怎会不对花感怀?

还好你没有折梅寄我，否则在这岁末新年将至之时，看着那娇艳梅花，我会乡愁悠悠，思绪纷纷啊。

我这儿的江边，也有一棵梅树渐趋吐蕊。梅花开时，又是一年春来，可这哪里是花开呢，分明是在一天天地催人生白发呀。

【鉴赏】

那是唐肃宗上元元年（760 年）岁末，杜甫为避战乱而流寓四川，暂居成都草堂。彼时，他的好友裴迪在四川蜀州任职。两个避难蜀地的天涯沦落人，虽然难得相见，但彼此相惜相忆。有一天，裴迪在蜀州东亭送客，见梅花开，心有所怀，吟诗《登蜀州东亭送客逢早梅相忆》寄给杜甫，表达思忆之情；杜甫深受感动，以《和裴迪登蜀州东亭送客逢早梅相忆见寄》回赠。

“东阁官梅动诗兴，还如何逊在扬州。”何谓官梅？不如先说“野梅”。凡生长在山野清绝之处，枝干劲直，尽自然之本性生长的梅花，都叫“野梅”，也有称之为“村梅”的。与之相对应的便是“官梅”了：凡由人工栽植，有人工造作的痕迹在其中，枝干盘曲，少了天真趣味的梅花，都称之为“官梅”，也称“宫梅”。野梅“疏旷平远”，官梅“金碧庄严”，二者也常被用来隐喻不同环境中的不同人格，比如野梅常用来象征不畏严寒、刚正不阿、光明磊落的君子。元代画家、诗人王冕爱画梅花，但他“喜写野梅，不画官梅”。明朝孙长真称赞王冕说：“梅花取直不取曲，此理世人多未推。诗人独得梅清性，不画官梅画野梅。”

“何逊在扬州”则是指南朝梁诗人何逊钟爱梅花，在扬州为官时曾写下《咏早梅》一诗，后来居住洛阳时因太过思念扬州的梅花，便调任扬州。何逊的诗作善于写景，工于炼字，其与南北朝时期的另一著名诗人阴铿齐名，人称“阴何”。杜甫对何逊很是推崇，曾写诗自述“颇学阴何苦用心”。

杜甫说裴迪“还如何逊在扬州”，将裴迪与何逊相比，可见杜甫对裴迪的赏梅雅兴及其诗词的赞佩。

“幸不折来伤岁暮，若为看去乱乡愁。”裴迪的《登蜀州东亭送客逢早梅相忆》诗作早已失传，但从杜甫此诗句或可推测，裴诗中应是有叹惜不能折梅寄赠之意。折梅相赠是古人表达友情的方式之一，比如南北朝陆凯《赠范晔诗》云：“江南无所有，聊赠一枝春。”

鉴于裴迪的叹惜，杜甫告慰说：“幸亏你没有折梅寄来，若果真寄来了，那必将会勾起我的岁暮伤感，令我更加乡愁缭乱、感慨万千的。”

接着，杜甫又说：“江边一树垂垂发，朝夕催人自白头。”在我草堂门前的浣花溪边就有一株梅树，每当我看到那一树开放的梅花，就觉得它在朝朝暮暮催人老去，将我的头发都催白了。

草木虽非无情物，但催人白头的怎会是那洁白如雪的梅花，是人心中难以排解的忧愁啊。遥想当年，杜甫逢战乱，流落异乡，身处逆境，其愁多多，诸如失意之愁、思乡之愁、忆友之愁，而最无处安放的是忧国忧民、伤时感世之愁，千愁万愁攒聚一身，此发焉能不白？

好在漫长岁月里，可得一良友，相惜相忆。

疏影横斜，暗香浮动

山园小梅

〔北宋〕林逋

众芳摇落独暄妍，占尽风情向小园。
疏影横斜水清浅，暗香浮动月黄昏。
霜禽欲下先偷眼，粉蝶如知合断魂。
幸有微吟可相狎，不须檀板共金樽。

【译文】

百花凋零，独有梅花迎着寒风傲然盛开，美丽明艳，成为小园中最动人的风景。

梅枝横斜，在清清的水中投下稀疏的倒影；花香清幽，在月色下随风飘散。

冬日的鸟儿也被鲜丽的梅花吸引了，还没栖落在梅树上时就忍不住先偷眼欣赏；常在春夏时节飞舞在花海的蝴蝶，倘若知道冬日的梅花如此雅致可爱，它得有多神往啊。

幸运的是，我可以和梅花如此亲近，轻声为她吟诗，自得其乐。

根本不需要拍着檀板纵酒高歌，那只怕会打扰了梅花的清净美好。

【鉴赏】

北宋著名隐逸诗人林逋，终身不娶，种梅养鹤，世称“梅妻鹤子”。一个以梅为妻的人，他眼中的梅自然含情带意，梅到了他的笔下自然更引人入胜。

“众芳摇落独暄妍，占尽风情向小园。”林逋一起笔就抒发他对梅花的喜爱与赞美之情：梅花在百花凋零的严冬迎着寒风傲然盛开，那明丽动人的景色把小园的风光占尽了。一个“独”字，一个“尽”字，充分表现了梅花独特的生活环境、冰清玉洁的品格和明艳动人的风韵。看似在咏梅，其实何尝不是林逋对自我“弗趋荣利”“趣向博远”的真实写照。

“疏影横斜水清浅，暗香浮动月黄昏。”这一联简直把梅花神清骨秀、高洁优雅、卓尔不凡的气质写尽了。尤其“疏影”“暗香”二词用得极好，既写出了梅花不同于牡丹、芍药的独特形态，又写出了它异于桃李的独有芬芳。两宋之交的著名诗人陈与义说：“自读西湖处士诗，年年临水看幽姿。晴窗画出横斜影，绝胜前村夜雪时。”他认为林逋的咏梅诗已超越了唐朝齐己《早梅》诗中的名句“前村深雪里，昨夜一枝开”。

但“疏影”“暗香”这两句却并非林逋原创，而是借用了五代南唐诗人江为之的诗句：“竹影横斜水清浅，桂香浮动月黄昏。”林逋改“竹”为“疏”，改“桂”为“暗”，两字之别，却成点睛之笔，成就千古绝调。

在林逋笔下，梅花不再冷香沁人，而是充满了一种丰满的美丽，有精神、有力度，也有温度。

如此绝美的梅花，连飞鸟都爱慕不已，尚未落在枝头就迫不及待地先偷看几眼。而蝴蝶若是知道冬日有梅花这样冷艳清绝的花，一定会喜爱至极，是所谓“霜禽欲下先偷眼，粉蝶如知合断魂”。

“幸有微吟可相狎，不须檀板共金樽。”赏梅、吟诗，在恬静幽深的山园里自得其乐，根本不须音乐、饮宴那些热闹的俗情来凑趣。

得此绝妙山园，有此闲情雅意，也难怪林逋能够“结庐西湖之孤山，二十年足不及城市”。

红尘多纷扰，岁月可温柔。要避开喧嚣，倒也不必归隐山林，但需找到自己的精神山园，在心中修篱种梅，开好自己的花。心若平静，不管身在何处，都能悠然见南山。

◎《梅鹤图》　清代　虚谷

不与梨花同梦

西江月·梅花

〔北宋〕苏轼

玉骨那愁瘴雾，冰姿自有仙风。
海仙时遣探芳丛，倒挂绿毛么凤。
素面翻嫌粉涴，洗妆不褪唇红。
高情已逐晓云空，不与梨花同梦。

【译文】

梅花生长在瘴疠之乡，却不怕瘴气侵袭，只因它有着冰雪般的肌体、神仙般的风骨。

海上的仙人常常派遣使者来芬芳的花丛中探望，这使者就是那翠羽红嘴，状如鹦鹉，常在树上栖息的倒挂雀。

素净的梅花就像那不施粉黛的佳人，涂了脂粉反而像是一种玷污；梅叶红红，即使花谢了也不减其红，像佳人卸了妆后仍旧朱唇若丹。

当梅花谢后，虽然春来又有百花开，但我看花的心思早已随云而去，也不再梦见梅花。据说唐人王昌龄梦中作梅花诗：“落落寞寞路不分，梦中唤作梨花云。”我不似他那般。

【鉴赏】

此词乃苏轼为悼念侍妾王朝云而作。

王朝云天生丽质，聪颖灵慧，原为西湖歌伎。有次苏轼和友人同游西湖，宴饮时招来王朝云所在的歌舞班弹唱助兴，被朝云吸引，遂收她为侍女，后纳为侍妾。据说苏轼《饮湖上初晴后雨》诗句“欲把西湖比西子，淡妆浓抹总相宜”，即是为王朝云而写。

苏轼甚是宠爱王朝云，曾说“知我者，唯有朝云也”。这中间还有个故事，据南宋费衮《梁溪漫志》记载，东坡一日退朝，食罢扪腹徐行，顾谓侍儿曰：“汝辈且道是中何物？”一婢遽曰：“都是文章。”坡不以为然。又一人曰：“满腹都是机械。”坡亦未以为当。至朝云乃曰：“学士一肚皮不合时宜。”坡捧腹大笑。

苏轼晚年被贬岭南，遣散姬妾，唯有王朝云执意相随。那时岭南为蛮荒之地，多瘴气，王朝云随苏轼抵达惠州不久便染病，不久又溘然逝去。苏轼为此悲痛不已，先后写了许多诗词悼念这位难得的红颜知己，《西江月 · 梅花》即为其一。

岭南梅花超尘脱俗、绚丽多姿，在苏轼看来，王朝云亦是如此。所以词中“玉骨”“冰姿”“仙风”等妙语，是咏梅，也是在感怀咏赞王朝云。

“高情已逐晓云空，不与梨花同梦。”当梅花谢后，虽然春来又有百花开，但苏轼看花的心思早已随云而去；梨花当然也美，他爱的却一直都是梅花，自是不会将这爱再分与梨花。

王朝云是苏轼最心爱的女子，当朝云故去，他的爱情也随之而去。世间当然还有很多妙龄佳人，她们或许像朝云的发，或许像朝云的眼，甚至说话的语气像朝云，但她们终究不是朝云。世间终究再无第二个王朝云。他的心里也容纳不下第二个人了。所以他的心情，他的梦想再也不会说给第二个人听，就像梅花不会和梨花同梦。

“不与梨花同梦”，此句尤佳。世间百花唯有梅花知春早；当梅花竞放时，哪怕正值冰封雪飘，人们心中也会涌起暖意，因为梅花开了春也近了。而梨花多是开在风和日暖的仲春时节，其不知寒也，无意争春、高洁坚贞的梅花怎会与其同梦？

梨花有梨花的妩媚，梅花有梅花的骄傲，各有选择，各有执着，各有方向，那就各生欢喜吧。

十年老尽少年心

虞美人·宜州见梅作

〔北宋〕黄庭坚

天涯也有江南信，梅破知春近。
夜阑风细得香迟，不道晓来开遍、向南枝。
玉台弄粉花应妒，飘到眉心住。
平生个里愿杯深，去国十年老尽、少年心。

【译文】

虽然远在宜州，但也嗅到了江南春天的气息，看见这一枝初放的梅花，也就知道春天即将到来。

夜深之时，微风轻吹，送来梅花的清香。清晨醒来，看见所有向阳枝头上的梅花都开了。

当年寿阳公主在含章殿施丹傅粉，她娇媚的容颜惹得梅花羡爱，花飞公主额头，化作梅花妆。

我生平好酒，若在往年见此美景我定会开怀畅饮，现在不同了，贬离汴京的这十年间，种种历经已然消磨尽我所有的少年情怀。

【鉴赏】

黄庭坚，北宋著名文学家、书法家，与张耒、晁补之、秦观合称“苏门四学士”；与苏轼齐名，以“苏黄”并称；又是“江西诗派”的开派宗师，与杜甫、陈师道、陈与义并称江西诗派“一祖三宗”；书法雄强逸荡，为“宋四家”之一。

淡泊名利、不苟附进的黄庭坚，一生仕途黯淡，且屡遭贬谪。宋徽宗崇宁二年（1103 年）末，黄庭坚以“幸灾谤国”罪被开除官籍，羁管宜州；这一年，黄庭坚 59 岁。崇宁三年（1104 年）春，黄庭坚抵达宜州。此词即作于此时。

“天涯也有江南信，梅破知春近。”彼时宜州为荒僻之地，在黄庭坚看来，他这是到了天涯尽头。好在一到宜州，便见梅花开。一见梅花如故人，又似收到来自故乡洪州分宁的家信，嗅到故乡春天的气息。梅花在荒僻之地开出江南春景的样子，真好。

梅开春近，可是，他已届花甲，春天能带给他哪些新鲜景象呢？

花开应有香，为何嗅不着这宜州梅花之香呢？“夜阑风细得香迟”，直到夜深时，微风徐徐吹来，方才嗅到淡淡的花香。睡前原谅一切，醒来万事可期。令他欣喜的是，清晨发现向阳的梅枝竟缀满了花。

长夜漫漫风细细，没关系，只要“晓来开遍、向南枝”就好啊，清香迟来也总比不来好啊。

他忽然记起一件浪漫事：南朝宋武帝之女寿阳公主，在含章殿与宫女们赏春嬉戏，倦时便在含章殿檐下睡着了。风吹，梅花落公主额上。奇妙的是，公主醒来时，拂花，花不去；又经三日，终将梅花洗落，而眉间花痕尚在，宛若妆饰，娇柔妩媚。宫女们见了，个个称奇，纷纷采了梅花贴于眉心，是为“梅花妆”。

“玉台弄粉花应妒，飘到眉心住。”他又想，梅花不在梅枝，是否因为梅花遭了群芳嫉妒，才落在公主眉心。他自己呢？宦海起起伏伏，年至花甲竟被除官籍，还被羁管于这荒凉之地，大抵是他“占得人间一味愚”，一肚子的不合时宜，才落此惨境吧。但他终究学不来巧言令色呀，只会孤傲如梅、不屈如梅、淡然如梅，

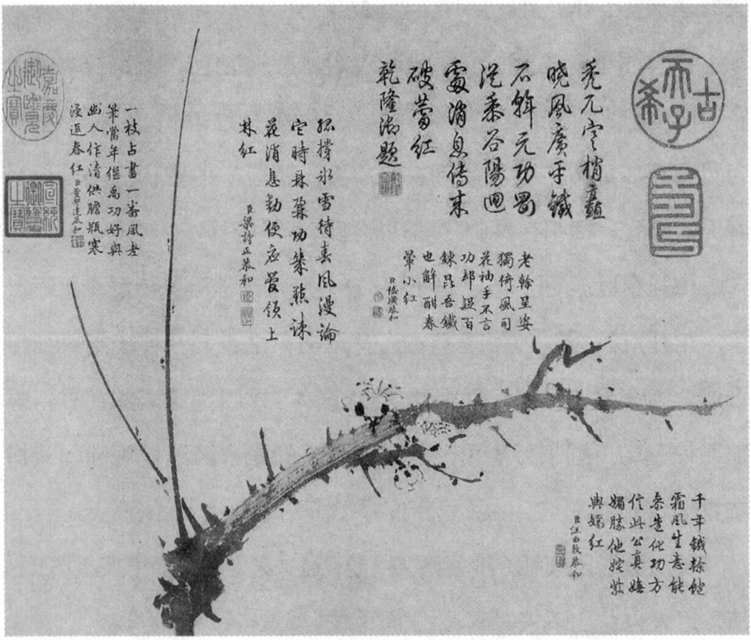

◎《墨梅图》 元代 吴镇

和谁都不争，在僻静里淡然绽放。

对梅花如对知音。知音惜知音，宜对酒高歌。如他另一些词作中所写那样：“老子平生，江南江北，最爱临风曲。”又或者，“身健在，且加餐，舞裙歌板尽清欢”。

然而，今时今日，今非昔比。

细细算来，从宋哲宗绍圣元年（1094年）初次遭贬，到今以“幸灾谤国”罪除官名遭羁管，已是十年波澜十年心，十年风雨十年灯。

十年不长，却也不短，足够消磨尽一个人的赤诚少年心。如今，生性好饮的他连举杯的兴致都没有了。

想他也曾豪情满怀，无论怎样遭挫他都一腔孤勇盔甲闪亮，不怕歧路多、不怕行路难，坚信终有一朝可挂云帆济沧海。而现在，回望来时路，他不知是要报以微笑还是沉默，盔甲安在，软肋满身。

梅花开了，春天来了，可要他如何不喟然而叹：十年老尽少年心。

他的少年赤勇，他所有的耐心和热情，都在过往的岁月中消磨殆尽。人生的苍凉也在此吧，永远追不回流转的岁月，以及随岁月而去的玲珑剔透的少年心。

“愿历尽千帆，归来仍少年。”且赠予后来人。愿未来的世界清澈高远，所有人的所有日子都明亮，好饮者有酒，有酒不辞醉。

几多香，无限意

玉楼春

〔南宋〕李清照

红酥肯放琼苞碎，探著南枝开遍未。
不知酝藉几多香，但见包藏无限意。
道人憔悴春窗底，闷损阑干愁不倚。
要来小酌便来休，未必明朝风不起。

【译文】

那株梅树真是叫人喜欢，看花人一来花就开了，花苞像玉一般温润，已开的花瓣红如凝脂。看花人起兴又去探望别的梅树，看看它们朝南的枝条上，花儿是否都开了。

那些待放的花苞里，不知道涵容着多少芳香，但可以看得出来，花苞里包藏着无限情意。

清静自守的人啊，她在春日窗下独坐守望，容颜憔悴。外面春光大好，她愁眉不展，连高楼凭栏远眺的心思都没有。

远游的心上人啊，要归来就早早归来吧，正好一起赏花酌酒。

◎《梅花石扇》 明代 陈洪绶

不要再让人苦等了，说不定明天就起风了，风吹花落多遗憾。

【鉴赏】

素有“千古第一才女”之称的李清照，最是善于将深邃细腻、复杂难言的感情寄寓于所咏之物。这首词便是通过对红梅形神的描绘而抒发词人的缱绻愁情。

“红酥”，梅花花色娇红又光洁细腻；“琼苞”，花苞温润如美玉；看过红酥琼苞，又要再去“探著南枝开遍未”，如此敏

◎《梅花小鸟》 明代 陈洪绶

感善察又乐意探寻的人，其心内一定饱含着对美好人生的无限热爱和追求。

她当梅花是同类，对其敬慕、爱怜。她知道梅树上那些花苞里，藏了几多香，无限意，知道花开是一个漫长又艰辛的过程，没有哪朵花想开就开。梅花尤其如此，它得经历多少霜多少雪多少不为人知的严寒，才有那破苞而出的美丽。而每朵花开又都有它的时间，长也长不过一春，短则数日甚或一瞬。好不容易才盛开的花，要好好珍惜，及时欣赏才是啊。也正因这份难能可贵的理解，她才在春窗下独坐，怕辜负了花开，辜负了尘世苦海里难得的美好。

花开，独赏亦可，但和深爱的人同看最得意趣。

爱人远行了。大道尽头是青山，行人更在青山外。

“要来小酌便来休，未必明朝风不起。”要归来就早早地归来啊。花开要珍惜，谁知道明天会不会起风来雨呢。爱一个人，也是如此。隔空而来的甜言蜜语，永远比不上真切又温暖的拥抱。谁能知道明日和遗憾哪一个先来。不要总说来日方长，陪伴才是最长情的告白。

归来吧，趁着花开，趁着春光渐盛，相依相偎，花间小酌，不负深情，不负韶华，让每一寸时光都有可以握得住的欢喜。

梅心惊破春情意

孤雁儿

〔南宋〕李清照

世人作梅词，下笔便俗。予试作一篇，乃知前言不妄也。

藤床纸帐朝眠起，说不尽、无佳思。
沉香断续玉炉寒，伴我情怀如水。
笛声三弄，梅心惊破，多少春情意。
小风疏雨萧萧地，又催下、千行泪。
吹箫人去玉楼空，肠断与谁同倚？
一枝折得，人间天上，没个人堪寄。

【译文】

清晨，在藤床纸帐中醒来，心头涌动着说也说不尽的伤感和思念。

玉香炉已渐渐凉了，炉中残存的沉香时断时续地飘着，我的情绪如水一样凄凉孤寂。

有人横笛吹奏《梅花三弄》，吹开了枝头的梅花。梅开春来，在这无限春意里我亦幽恨无限。

微风吹动，细雨潇潇，这风啊这雨啊，催人老，催人泪下千行。

当年吹箫伴我的那个人去了，这个楼也就空了，纵有梅花好景，又有谁与我倚栏同赏呢？纵有万千惆怅心事，我又能向谁诉说呢？

梅花开得真好，由不得想折一枝送人，可就算找遍人间天上，四处茫茫，我能将梅花寄谁？

【鉴赏】

此词为李清照晚年之作，彼时其前夫赵明诚已去世多年，说是咏梅之词，实则借梅抒怀旧之思。

词中出现的床、帐、香炉，是一般闺情词的常见意象，此词也从这些事物写起，迤逦写入词人的内心世界。

不过，李清照此词中的床，非合欢之床，而是“藤床”，用藤条编成的轻便单人床；帐，亦非芙蓉之帐，而是当时在文人高士中流行的一种用坚韧茧纸做成的帐子，即“梅花纸帐”。

宋人林洪在《山家清事》中这样描写“梅花纸帐”：于独床四周立柱，挂瓶，插梅数枝；床后设板，可靠以清坐；床角安放竹书柜，床前置香鼎；床上作大方目，顶用细白楮纸作帐罩之。

古人诗词中言及“藤床纸帐”，一般是寓意清雅而淡泊的生活。如宋朝著名词人朱敦儒词云“照我藤床凉似水”，又云“道人还了鸳鸯债，纸帐梅花醉梦闲”。

李清照词中宿于“藤床纸帐”的主人公，清雅有之，却尚不能甘于淡泊，而是深怀“无佳思”的幽怨。

藤床纸帐，炉寒香断，熬过漫漫长夜的人，情怀似水凄清绵长。无尽冷寂里，不知谁用玉笛又吹起了《梅花三弄》，笛声惊破梅心，梅花幽幽绽放。吹笛的人或许无心，听笛的人却悱恻心动了。

生命中不断地有人离开或出现，于是，看见的看不见了，记住的遗忘了；生命中也不断地会得到或失去，于是，看不见的看见了，遗忘的记住了。然而，看不见的，是不是就等于不存在了？记住的，是不是就永远不会消失？

看人间多少故事，最销魂梅花三弄，断人肠，费思量。

“小风疏雨萧萧地，又催下、千行泪。”伤心人正闻笛哀忧，偏偏又来了潇潇雨声，叫人怎么不心似风中草、泪如雨里珠。

“吹箫人去玉楼空”句，“吹箫人去”用的是秦穆公之女弄玉与其夫箫史双双飞仙的典故。弄玉和箫史在人间时是恩爱无双的伴侣，后来又双双飞天成仙。她李清照和赵明诚当年也夫唱妇随，赌书、泼茶，琴瑟和鸣，遗憾的是，赵明诚先她而去。他在的时候，世界因他而满；他不在了，世界因他而空。如今春来梅花开，她与谁并肩倚栏同看，又能与谁一道踏雪寻梅？

“一枝折得，人间天上，没个人堪寄。”前人陆凯在江南见梅花开，思及远方良友范晔，便折梅赋诗寄予范晔。在这世界上，有时候幸福可以很简单，比如有一个可以思念的人，有一个想见就能见面的人。自赵明诚去世后，幸福于李清照而言，可望而不可即。即使折一枝报春的梅花，也没个人堪寄。她所拥有的，只是漫长的怀念和漫长的告别。

一个人要转身多少回，才能缠紧眼睛里的绷带。

倘若人是一个容器，她浑身是裂缝，到处在漏水。

春光春景越好，她心越凉越悲。

词之序言中，李清照这样写道：“世人作梅词，下笔便俗。予试作一篇，乃知前言不妄也。”她向来清高，终究未能免俗。世间痴情人，哪个不俗？倘若能守着俗世的热闹，和有情人有说有笑相伴终老，她应该是情愿落俗的吧。伤心只在，她一生清高如梅，晚年又孤独如梅。梅花开，白如雪，人生啊，寂寞如雪。

◎《墨梅图》 元代 王冕

归来也，一点香随马

点绛唇·梅

〔南宋〕朱翌

流水泠泠，断桥横路梅枝亚。
雪花飞下，浑似江南画。
白壁青钱，欲买春无价。
归来也，风吹平野，一点香随马。

【译文】

流水发出泠泠的声响。断桥边，梅枝横路，枝枝花繁。

梅如雪花飘飞而下，这景象美得宛如一幅清新淡雅的江南风景画。

好想用价值连城的美玉或万贯铜钱将这早春胜景买下，可惜梅花无价，春意无价。

游春看花归来，春风吹过旷野平原，马蹄过后，幽香相随。

【鉴赏】

某年早春某一日，南宋词人朱翌于雪中游西湖观梅花，写下此词。诗文书画皆佳的清人冯金伯在《词苑萃编》中如此评价此词：“西湖咏梅者多矣，而不为雕琢，自然大雅，首推此词。”

“流水泠泠，断桥横路梅枝亚。”春来了，从何而知？冬泉冷涩，唯有春水泠泠。你听，西湖流水泠泠，似佳人莲步轻移时，衣上玉佩叮咚作响；你看，断桥边，梅枝横路，花繁雪重，压得梅枝都下垂了。

赏梅当于何时欣赏？大雪纷飞时。为何？有梅无雪不精神嘛。朱翌是爱梅知梅之人，所以他踏雪赏梅。此时此刻，梅上雪，雪里梅，梅如雪花，雪花如梅，赏梅人如在画中。什么画？丹青妙手绘制的清新淡雅的江南风景画。

梅雪相和两洁白，风流清香能否买？不能。“白璧青钱，欲买春无价。”取价值连城的玉璧，或取万贯铜钱，也买不来此景。

欲买不来，不买却会来。这世界上，有不少的好东西都是免费的，譬如清风朗月。清风朗月十分好，但清风朗月不用一钱买，全在有心人得闲领略。苏轼说：“江上之清风，与山间之明月，耳得之而为声，目遇之而成色，取之无禁，用之不竭，是造物之无尽藏也。”若无闲情，若非有心人，即使面对“造物之无尽藏”也是虚度，也是辜负。

“归来也，风吹平野，一点香随马。”所谓“归来也”，是春归来也，亦是踏雪赏梅的人兴尽归家也。他在大雪纷飞寒梅送香中和早春撞个满怀，心中无限喜悦，骑马归家。“风吹平野，一点香随马”，很有几分“春风得意马蹄疾”的意思，又有几分“踏花归去马蹄香”的意味。但“踏花马蹄香”是春深之境，而“一点香随马”方是早春之美。

此词全篇无一生僻字，乍看平平无奇，实则清新明美，蕴含深味。

插句闲话，朱翌有个有趣的号，省事老人。这个省事老人，平生最爱游山玩水，熙攘红尘自寻一味风清月朗。心有闲情，清心似水，清心即能省事。

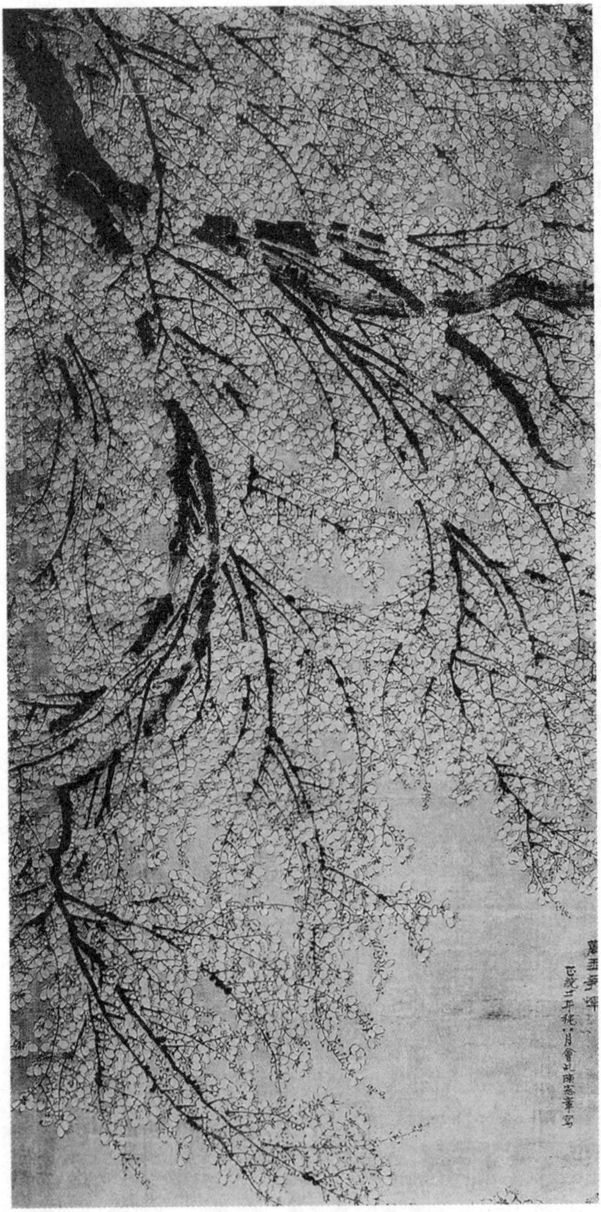

◎《梅花图》 明代 陈录

更无花态度，全有雪精神

临江仙·探梅

〔南宋〕辛弃疾

老去惜花心已懒，爱梅犹绕江村。
一枝先破玉溪春。更无花态度，全有雪精神。
剩向空山餐秀色，为渠著句清新。
竹根流水带溪云。醉中浑不记，归路月黄昏。

【译文】

人渐趋衰老，惜花之心也随之退减，但是为了看梅花，还是愿意沿着江畔村庄的路耐心寻去。

溪水净如玉，溪畔有一枝梅花早开。你看那枝梅花，毫无其他花儿的柔媚之态，洁白、淡雅，全然是冰清玉洁的雪的精神。

真是爱煞了这空山寂寂，我纵情地饱览梅花秀色，并为它写下清新的词句。

梅花开在竹林边，竹林近处是清清溪水，云映水，水自流，云随水去，朝暮不休。此间饮酒，不知不觉间便醉了，待到回家时已黄昏，新月照大地。

【鉴赏】

辛弃疾，南宋著名词人，有“词中之龙”之称。其词既可沉雄豪迈，又可细腻柔媚，与苏轼合称“苏辛”，与李清照并称“济南二安”。

辛弃疾平生以气节自负，以功业自诩，一生力主抗金归宋，但仕途上屡遭主和派的排斥打压，长期未得重用，无奈，晚年退隐山居。

此词写于辛弃疾落职闲居江西上饶带湖之时。

“老去惜花心已懒，爱梅犹绕江村。”人老了，心意懒散，花开花落也没那么关注了。诚如王维诗云：“晚年唯好静，万事不关心。”虽然已是无意赏花，但也并非所有花都不爱了，至少还对梅花不能忘情。

辛弃疾甚为钦慕的诗人陆游有词云“幽姿不入少年场”，意思是少年最爱繁华烂漫，所以不会欣赏高洁清香但也孤傲冷淡的梅花。对于暮年英雄来说，他们似乎都有一个共同嗜好，那就是偏赏梅花。英雄赏梅，一生心事问梅花，问的是梅花的执着，问的是梅花的坚韧，问的是梅花的贞烈，问的是梅花的高洁……

辛弃疾为了赏梅，不惜绕着江村走长长的路。

只要愿意去寻觅，就能遇见想要的美好。

在溪边寻寻觅觅，忽然眼前一亮，有一枝梅花独开。天寒地冻又怎样？只要见着梅花开，哪怕只开了一枝，那也足够让人为春意初至而倍感欣喜。众花开时姹紫嫣红，招蜂引蝶，如此花态，俗极！骨峻神清的梅花自然不会有此浊俗，它清、冷、峻、洁，一身“雪精神”。

爱梅的人见着梅，探春的人遇着春，那就沉吟细品吧。

“竹根流水带溪云。醉中浑不记，归路月黄昏。”卧枕竹根，仰观流云，耳边溪水淙淙，身沐梅花清香，人间是非，一时净尽。此间饮酒，不知不觉间便醉了。好呀，有花须赏，有酒当醉，也算是庸常生活里的珍贵快意了。

花看尽兴，踏月而归，一日清赏，可抵十年尘梦。

空山寒梅，得此人相对，大抵亦可免寂寞矣。

◎《林和靖图》 南宋　马麟

梅边吹笛唤玉人

暗香疏影

〔南宋〕姜夔

辛亥之冬，予载雪诣石湖。止既月，授简索句，且征新声，作此两曲。石湖把玩不已，使工妓隶习之，音节谐婉，乃名之曰《暗香》《疏影》。

暗香

旧时月色，算几番照我，梅边吹笛。
唤起玉人，不管清寒与攀摘。
何逊而今渐老，都忘却春风词笔。
但怪得竹外疏花，香冷入瑶席。
江国，正寂寂。叹寄与路遥，夜雪初积。
翠尊易泣，红萼无言耿相忆。
长记曾携手处，千树压西湖寒碧。
又片片、吹尽也，几时见得。

疏影

苔枝缀玉，有翠禽小小，枝上同宿。
客里相逢，篱角黄昏，无言自倚修竹。
昭君不惯胡沙远，但暗忆、江南江北。
想佩环、月夜归来，化作此花幽独。

犹记深宫旧事，那人正睡里，飞近蛾绿。
莫似春风，不管盈盈，早与安排金屋。
还教一片随波去，又却怨、玉龙哀曲。
等恁时、重觅幽香，已入小窗横幅。

【译文】

辛亥年冬天，我冒雪去拜访石湖居士范成大。居士要我创作新曲，于是我创作了这两首词曲。石湖居士吟赏不已，教乐工歌妓练习演唱，音调节律悦耳婉转。于是将其命名为《暗香》《疏影》。

暗香

昔日皎洁月色，曾经多少次映照着我，我在梅边，玉笛横吹，声韵谐和。

笛声唤起佳人，她不顾清冷瑟寒，随我一起折梅。

我曾如南朝梁诗人何逊那样痴爱梅花，只是如今渐渐老了，似乎都忘了我也能用春风般绚丽的文笔去写些咏梅诗文。

令我惊异的是，竹林外的梅花，似乎从未将我遗忘，它依旧多情，花一开便将清香送入我房中，香沁枕席，撩我诗兴。

江南水乡，此时应是一片静寂。想折枝梅花寄给有情人，可叹路途遥遥，又有积雪遮长路。

手捧翠玉酒杯，禁不住泪水潸然；红梅无言，往事一幕幕浮现。

总记得当年和佳人携手游赏之地梅树千株，树树花开，西湖之上寒波澄碧。

此时的西湖梅林，梅花开尽又被风片片吹落，下一场花开还要等多久，又还要等多久才能与佳人相见？

疏影

长着苔藓的梅树边，点缀着洁白的花朵；梅枝上有两只小小的翠鸟相偎栖息。

旅居他乡，见此娇艳的梅花，它在黄昏的篱笆边，像个沉吟的佳人依在修长挺拔的翠竹下。

这梅花啊，又多像远嫁匈奴的王昭君，不习惯北方的生活环境，常常沉默思忆江南江北的故土。

或许这梅花是昭君的芳魂所化，她衣上环佩叮咚，乘着月色归来，在此间化为梅花，那般静美、那般孤独。

我还记起一桩深宫旧事：南朝宋武帝之女寿阳公主，春日睡在含章殿檐下，梅花飞落在她眉间，拂之不去，宛如妆饰。

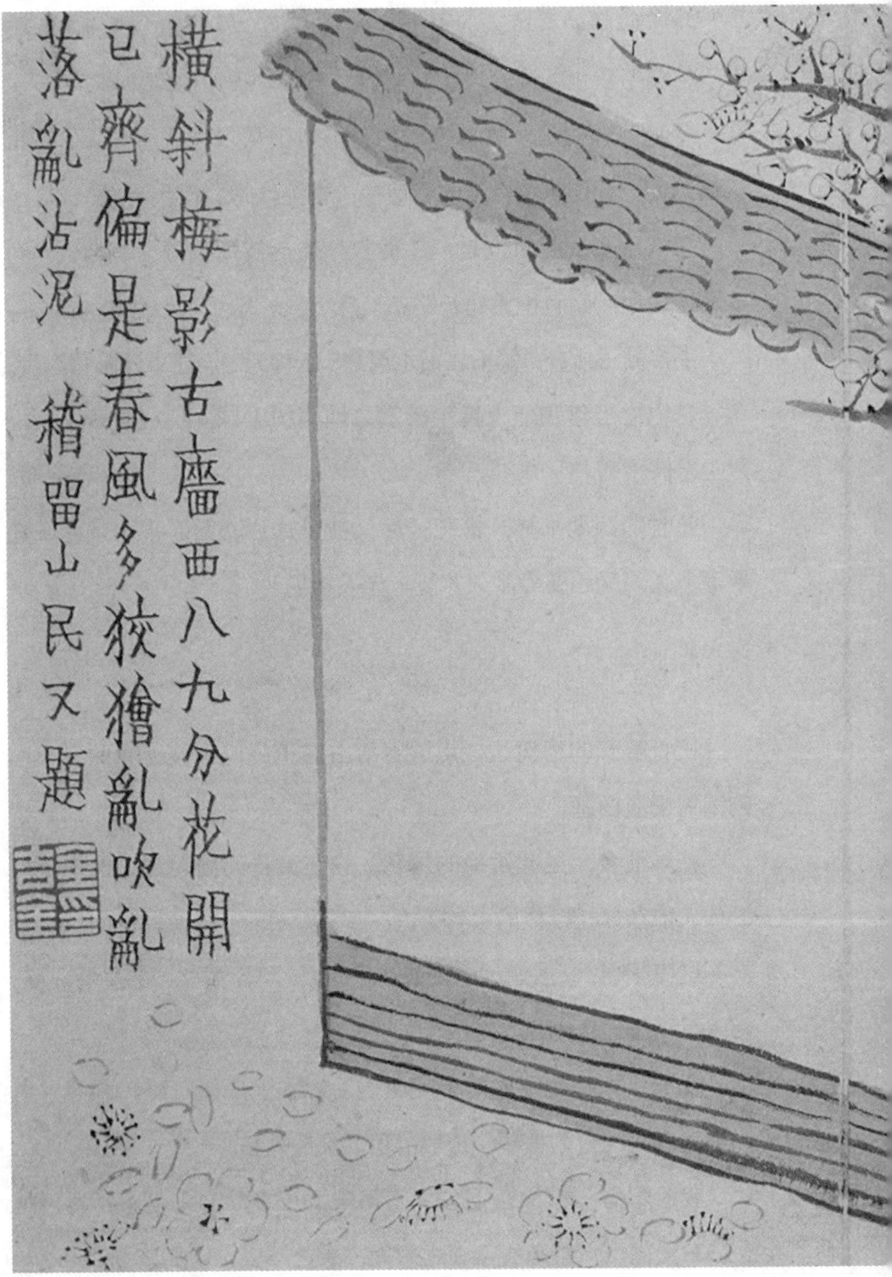
横斜梅影古廧西八九分花開
已齊偏是春風多狡獪亂吹亂
落亂沾泥 稽留山民又題

◎『梅花图』 清代 金农

珍爱佳人呀，不要像那薄情春风，一点都不怜惜清丽梅花，只管雨打风吹，让她们早早凋落；应该早早地就给佳人安排金屋，让佳人有个美好、幸福的归宿。

不要等到佳人香消玉殒，像梅花那样随波逐流而去，再生怨叹，还责怪说是那吹笛人不解风情，一遍遍吹《梅花落》，吹得梅花凋零。

梅花落后，再想赏花嗅香，也只有去看那窗纸上画着的梅花图了。不要等不可挽回时再追悔不已呀。

【鉴赏】

姜夔，南宋文学家、音乐家，号白石道人。他少年孤贫，屡试不第，终生未仕，一生转徙江湖，靠卖字和朋友接济为生。他多才多艺，诗词、散文、书法、音乐无不精善，是继苏轼之后又一难得的艺术全才。

姜夔的词作往往都有小序，或述作词缘起，或记述心绪行踪，要言不烦，与词的内容融为一体，不可分割。从《暗香》《疏影》的题序看，这两首词应是作于宋光宗绍熙三年（1192 年）冬。当时姜夔应范成大之邀，到苏州范成大隐居的石湖别墅做客。范成大也极为喜爱梅花，买园种梅，并著有《梅谱》。

《暗香》《疏影》这两首词是中国文学史上著名的咏梅词，也是姜夔的代表作之一。

南宋词人张炎在其词论专著《词源》中对此二词不吝赞词：“诗之赋梅，惟和靖一联而已，世非无诗，不能与之齐驱耳。词之赋梅，惟姜夔《暗香》《疏影》二曲，前无古人，后无来者，自立新意，真为绝唱。”

所谓“和靖一联”，是指北宋初诗人林逋《山园小梅》中的“疏影横斜水清浅，暗香浮动月黄昏”两句。姜夔非常欣赏这两句诗，就摘取句首二字，以之为“自度曲”咏梅词的调名。

在《暗香》词中，姜夔从月下梅边吹笛引起对往事的回忆。月色、玉人，梅边吹笛，意境极美。遗憾的是，好花不常开，佳人不再来，即使想折梅相赠，也囿于路遥雪重，不能如愿。

《暗香》词中“何逊而今渐老，都忘却春风词笔”句，用了何逊扬州咏梅的典故。何逊，南朝梁诗人，在扬州任职时，官署中有一株梅花，他常于梅下吟咏，后来居洛阳时，思念扬州的梅花，便又申请调任扬州。

《疏影》词中用典更多。

“有翠禽小小，枝上同宿”句，用了“罗浮梦”的典故。唐朝柳宗元《龙城录》记载，隋代赵师雄游罗浮山，傍晚在林中偶遇一美人，遂与之饮酒交谈；又有一绿衣童子，笑歌欢舞，为他们助兴。天亮时，赵师雄醒来，发现自己睡在一株大梅树下，树上有翠鸟欢鸣。后人以“罗浮梦”比喻人生如梦，好景不长。后也用“罗浮”“罗浮美人”“罗浮梦”等代指梅花。

“昭君不惯胡沙远，但暗忆、江南江北。想佩环、月夜归来，化作此花幽独”句，说的是中国古代四大美女之一的王昭君远嫁匈奴的故事。姜夔加以想象，说昭君的芳魂月夜归来化为幽独的梅花，为昭君的魂灵找到了归宿，这对同情昭君遭遇的人们是一种慰藉；同时，将昭君的哀怨身世赋予梅花，又给梅花的形象增添了楚楚风致。

“犹记深宫旧事，那人正睡里，飞近蛾绿”句，用的是寿阳公主梅花妆的故事。宋朝类书《太平御览》记载：“宋武帝女寿阳公主人日卧于含章殿檐下，梅花落公主额上，成五出花，拂之不去，皇后留之，看得几时；经三日，洗之乃落。宫女奇其异，竞效之，今梅花妆是也。”姜夔用此典，看似在写寿阳公主，实则是写梅花，借和落梅有关的美人来惋惜梅花的凋谢。

“早与安排金屋”说的是汉武帝金屋藏娇的故事。据说汉武帝刘彻幼时，曾对其姑母说：“若得阿娇作妇，当作金屋贮之。”词人用此典表示惜花之愿，意谓不要像春风那样无情，任梅花飘落而不顾，应当及早保护她。

《暗香》《疏影》中姜夔是为梅花唱赞歌，赞梅花不同凡俗的形貌，以及孤芳自赏的清姿和高洁的品格。同时，词中寓无限怜香惜玉之意，寄托了其对青春、美好事物的怜爱之情。是呀，人生忽如寄，要活在当下，要怜取眼前人，不要等到眼前人成为旧时情，再枉自嗟叹。

据说，姜夔《暗香》《疏影》二词获范成大激赏，待姜夔辞别时，范成大特意将自己的歌女小红赠予姜夔。从苏州回吴兴的路上，经过垂虹桥，姜夔还得意地写了首《过垂虹》，诗云：“自作新词韵最娇，小红低唱我吹箫。曲终过尽松陵路，回首烟波十四桥。”由“自作新词韵最娇”句可见，姜夔本人对《暗香》《疏影》二词很是满意。

几生修得到梅花

武夷山中

〔南宋〕谢枋得

十年无梦得还家，独立青峰野水涯。

天地寂寥山雨歇，几生修得到梅花？

【译文】

算来已有十年没回家乡了，甚至连回家的梦都没做过。此时此刻我独立武夷山上，看山下风激野水，渺渺茫茫。

山雨初停，天地间一片寂寥景象。我要经历多少岁月才能修得梅花那样的品格？

【鉴赏】

谢枋得，南宋末年著名诗人。宋理宗宝祐四年（1256 年），谢枋得与文天祥同科中进士。宋恭帝德祐二年（1276 年），元军大举攻宋，谢枋得率兵抗战，终因孤军无援而失败。两年后，宋亡，拒绝降元的谢枋得，隐遁于闽中，以卖卜教书度日。

因爱惜谢枋得之才，元朝廷屡次征召，望其出仕，谢枋得坚辞不应，并给出理由：“上有尧、舜，下有巢、由，枋得名姓不详，不敢赴诏。”何谓“名姓不详”？这要从谢枋得姓名中的“枋”字说起。枋，有二音，一读 bǐng，通“柄”，意为“权柄”；一读 fāng，指古书上说的一种树，方言中“枋子”指棺材。甭管“枋”字怎么读，谢枋得拒绝的理由似乎都说得通。

元世祖至元二十五年（1288 年）冬，福建行省参政魏天佑为讨朝廷欢心，强执谢枋得北上大都。至元二十六年（1289 年）四月，谢枋得在大都悯忠寺绝食而亡，至死未降。

《武夷山中》诗写于元世祖至元二十一年（1284 年），此时谢枋得以在闽中转徙近十年。

“十年无梦得还家”，谢枋得十年不回家，也无家可还，在他抗元失败后，妻子李氏和女儿皆自尽，可谓家破人亡。家乡于他而言，已是无所留恋了，但这万里河山，一草一木，触目皆悲。他又能做些什么呢？“独立青峰野水涯”，青峰巍然，青峰无言，他遗世独立，望着山下烟波浩渺的野水，其心悲怆，其人孤独。

“天地寂寥山雨歇”，淅淅沥沥的山雨已经停了，天地间寂寥冷清。在这山外，当年宋朝的河山早已尽属元廷，曾有的那些抗元的声音已趋于沉默，他虽逃入深山以示不臣，但有许多南宋旧臣早已穿上元廷官袍。山雨歇，天地空，人寂寥。

“几生修得到梅花？”一个人要修行几生几世才能拥有梅花那样的品格呢？

梅花凌霜傲雪，坚贞不屈，高洁孤傲，不屑与群花争芳斗艳，但即使是独立于山野林间，它也不减清香。世人爱梅花，爱其花色，更爱其精神。为人立世当如梅，有为有守有气节。

在命运的颠沛中，很容易看出一个人的气节；在非常境遇中更可以显出一个人的气节。谢枋得独立青峰感慨“几生修得到梅花”，综其一生所为所守，俨然如梅在雪。

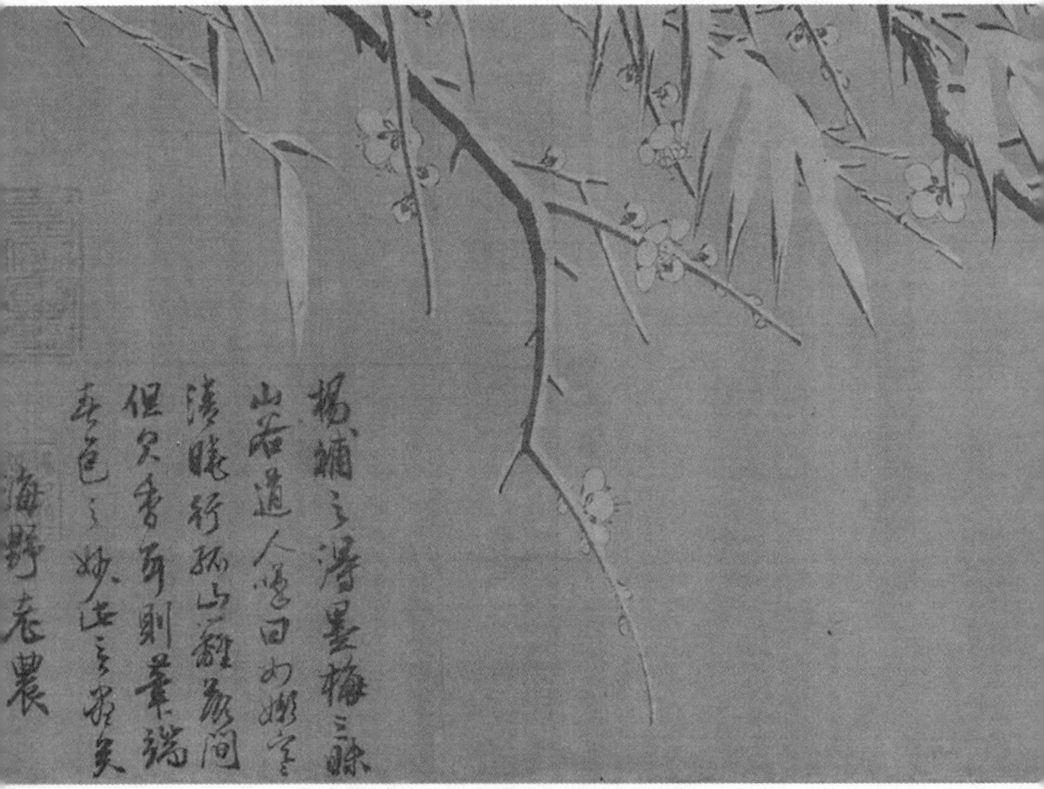

◎《雪梅图卷》　南宋　杨无咎

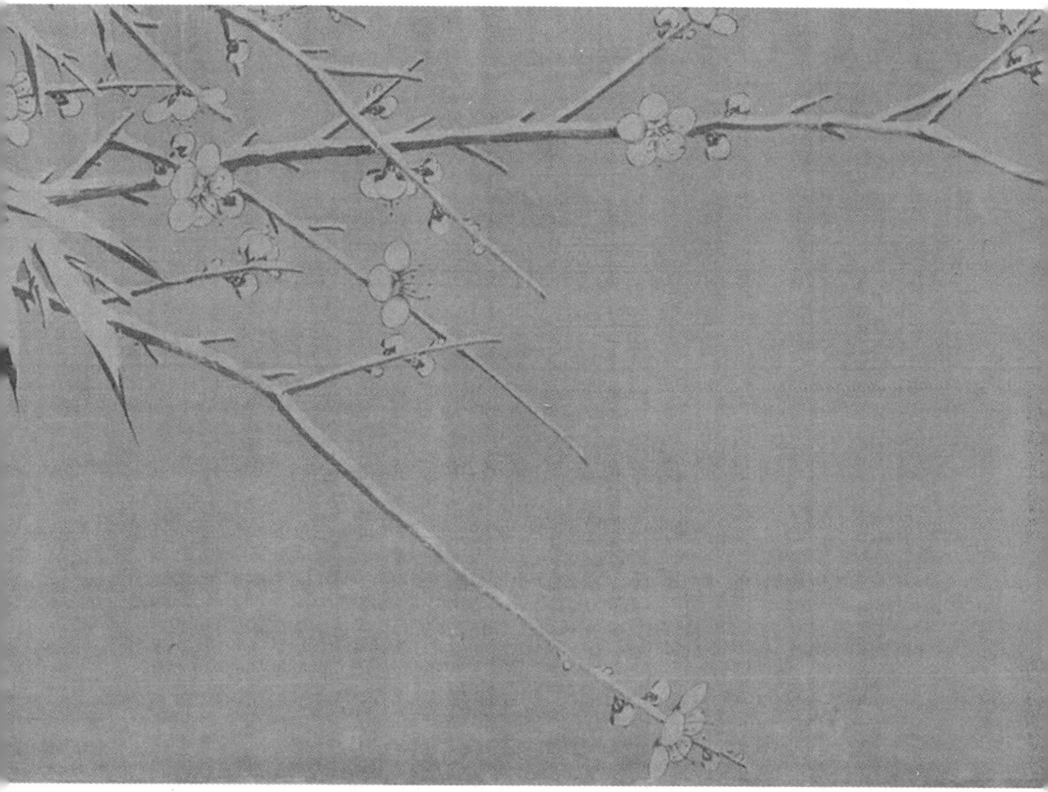

有梅花，似我愁

梅花引·荆溪阻雪

〔南宋〕蒋捷

白鸥问我泊孤舟，是身留，是心留？
心若留时，何事锁眉头？
风拍小帘灯晕舞，对闲影，冷清清，忆旧游。

旧游旧游今在否？花外楼，柳下舟。
梦也梦也，梦不到，寒水空流。
漠漠黄云，湿透木棉裘。
都道无人愁似我，今夜雪，有梅花，似我愁。

【译文】

白鸥栖落水滨，默然地望着我，好似在问：你夜泊溪畔，是被风雪所阻不得已而留下，还是心有所系在此停泊？

如果是甘心情愿泊于此间，那又为何事而眉头紧锁？

风拍孤舟舱帘，风过处灯火摇曳不休。江阔波渺，陪伴我的只有那灯下闲影，好不冷清。在这无尽清寂里，我想起昔日交游的朋友们。

旧友啊旧友，今日又在哪儿？我还记得那时，花间漫步，花外有楼，泛舟江上，柳下系舟。

梦啊，梦啊，即使在梦中，也难再梦到那些人那些事。俱往矣，唯余眼前荆溪寒水寂寞自流。

天上阴云浓密，大雪纷飞，我站在船头，任凭落雪湿透棉衣。都说没有人似我这般愁苦，不，今夜飞雪，雪中梅花难熬寒苦，应似我一般愁。

【鉴赏】

蒋捷，南宋末元初人，宋度宗咸淳十年（1274 年）中进士。长于词，与周密、王沂孙、张炎并称“宋末四大家”。其代表作《一剪梅 · 舟过吴江》中有句“流光容易把人抛，红了樱桃，绿了芭蕉”，故后人又称其为“樱桃进士”。

南宋覆灭后，蒋捷深怀亡国之痛，隐而不仕，生活颠沛流离。此词即写于南宋亡后。有年冬天，蒋捷沿荆溪而行遇雪，泊舟荒野，孤寂无聊时有感而作。

荆溪是蒋捷的故乡，此次乘舟沿荆溪而行，是离家外出，还是从外地返乡？无从知晓。但其“是身留，是心留”之间却激荡千古。

此词起笔不俗，种种物种种情尚未出，白鸥先出。白鸥是古人诗词中常常出现的一种意象，既可象征逍遥闲适，也可寓寄漂泊孤独。寒江风雪中的白鸥，应是如孤舟上的词人，对闲影，冷清清，伶仃孤苦。

白鸥向词人发出直抵灵魂的一问：“泊孤舟，是身留，是心留？”

“身留”如何，“心留”又如何？“身留”是出于被迫，“心留”是自愿停泊。

似乎看出词人犹疑，白鸥又问：“心若留时，何事锁眉头？”

白鸥连问，词人不答，却也不言自明。是身留，是心留，他自己也说不清道不明。他只是默然坐着，看风拍舱帘，舱内灯焰闪烁，历历旧景浮上心头。

荆溪是他的故乡，此地自是多故人。故人如今在何处？

纵使故人可寻，那“花外楼，柳下舟”还在吗？

再或者，纵使昔日游玩的印迹如今处处可寻，也还是有一样东西永远寻不见了，那便是少年心。

人啊，总是一路成长一路丢失。喜也，悲也，怎分得清？这本就是一个说不清道不明的世界啊。

荆溪人在荆溪，是身留，是心留，他懒得去辨认。譬如宋亡元兴后，要他说此身是宋人是元人，要他如何说？他不过是个孤独人，去也无处去，归也无处归。

在这世界上，或许没有谁比他更识愁苦滋味了。不，有一个，“今夜雪，有梅花，似我愁”。

大雪阻行，却阻不了梅开。但傲雪寒梅又怎会不苦？只是寒梅之苦，无谁能说，无谁可说。凡尘诸事，可为知者道，不可与不知者言。如何与夏虫语冰，如何与曲僻之士论道？

人人都说梅花清香，清香背后却刻着一种孤独。

而他，人们称他“竹山先生”，说他是“末世里的守节者，竹山上的听雨人”，末世听雨又何尝不孤独？

还好，在这世界上尚有值得他欣慰的事，那就是，梅花似他，他似梅花。

◎《梅竹图》 明代 陈继儒

寻常一样窗前月，才有梅花便不同

寒夜

〔南宋〕杜耒

寒夜客来茶当酒，竹炉汤沸火初红。
寻常一样窗前月，才有梅花便不同。

【译文】

冬夜有客来访，且以茶代酒。小火炉里的炭火刚红，水便在壶里沸腾了，屋子里温暖如春。

皎皎月光洒在窗前，和平时并没什么两样，只是今夜窗前有几枝梅花在月下幽幽地开着，这使得今夜的月色似乎与往日有所不同了。

【鉴赏】

南宋诗人杜耒的这一首诗，语言清新自然，无雕琢之笔，其意境却淡雅隽永，让人回味无穷。

“寒夜客来茶当酒，竹炉汤沸火初红。”寒夜客来，主人并未忙着去备酒，而是自然又亲切地以茶当酒，并无须担忧会怠慢了客人，可见来客是熟客。熟客不俗，能在寒冷冬夜起兴出门访友，是个有雅趣的雅人呀。或许是个如雪夜访戴的王子猷一般的人呢。主人取了套着竹篾的小火炉，添了新炭，水煮香茗，和来客围炉夜话。

此情此景，由不得令人想起唐人白居易的诗：“绿蚁新醅酒，红泥小火炉。晚来天欲雪，能饮一杯无？”

杜耒和来客无酒亦无雪，但有茶有月有梅花。

“寻常一样窗前月，才有梅花便不同。”夜，是寻常夜，但有清雅的客人围炉闲话，此夜便不寻常起来。月，是寻常月，但窗前寒梅初放，送来阵阵清香。这夜，这月，似乎一下子便不寻常起来。

月明，梅香，竹炉火红，汤沸茶浓，主客相对，屋外寒夜悠悠，屋内暖意融融。聊个天，吃一盏茶，茶里有明月，盏中浮梅香，虽无酒，人已醉。

浮生冉冉，得此良友，得此良夜，俗世不俗，寒夜不寒，美哉！

◎《竹梅小禽图》 南宋 佚名

梅花入梦香

绝句

〔金〕王庭筠

竹影和诗瘦，梅花入梦香。
可怜今夜月，不肯下西厢。

【译文】

婆娑的竹影拂着案上清瘦的诗句，梅花的香气伴着我入梦。

今夜月色十分可爱，遗憾的只是它不肯照进我的西厢房里。

【鉴赏】

王庭筠，金人，出生于辽东（今辽宁省营口市境内），金世宗大定十六年（1176 年）中进士，后官至翰林修撰。史载，王庭筠善诗文，“文采风流，照映一时”，亦长于画，尤善墨竹、树石。

《绝句》寥寥数字，意蕴深长。

“竹影和诗瘦，梅花入梦香。”庭院里有修竹有梅花，可见居住环境清幽。在睡前，诗人对着婆娑竹影吟咏，竹影清瘦，诗句似乎也随之清瘦起来。院中梅花暗香徐来，花香袭梦梦也香。

或许是有心事，诗人入梦复又醒来，起身去院中散步。长夜寂寂，月华似水；明月拂竹，竹影婆娑；明月照梅，梅花飘香。多么美好的夜晚啊，但心头却有着欲说还休的惆怅。“可怜今夜月，不肯下西厢。”心事再稠再浓，总还是要睡去，或许一觉醒来，所有愿望都会实现。如果皎洁明月能照入西厢房，照人入眠，该有多好啊！

或许“不肯下西厢”的不是那可爱的明月，而是那爱而不得、舍而不能的心上人，也可能是那高高在上、不识贤人的君王。诗人幽怨，到底是为情人不解心怀，还是遗憾无人赏识？也许什么都不是，只是诗人见细竹投影、梅花飘香、月亮高悬、西厢寂寂，置身此景之中，心头悄然浮出的一种朦朦胧胧的感受而已。

苏轼诗云：“横看成岭侧成峰，远近高低各不同。”世界的模样，取决于你看它的角度。不同的角度，看到不同的风景。

王庭筠这首《绝句》也一样，换个视角看，诗意大有不同。

那是一个寻常冬夜，平淡、闲适。用过寻常粥饭，诗人在庭院里看了半晌风弄竹影，嗅了半晌月洗梅香，回房后又吟了首诗。大抵是看尽梅花又看竹，竟觉得诗中也有婆娑竹影了，及至入梦，连梦中都浮动着梅花清香。

夜半醒来，可能是被花香熏醒的，也可能是被竹声唤醒的，索性披衣又去庭院中看竹、赏梅、观月。良夜动人，虽不忍辜负，但也不宜贪恋，且去睡吧。而高悬于西厢房上的那轮明月，似乎太爱这清朗夜色，爱那竹影梅香，迟迟不肯落下西厢房。

若以娴雅之心，赏这明月、竹影、梅韵，此诗意境也就更为静美空阔了。

生活就是如此，将视野拓宽，用温润豁朗的视角来看，万物有灵，万物皆美，寻常一事一物里也尽是令人踏实又暖融融的欢喜。

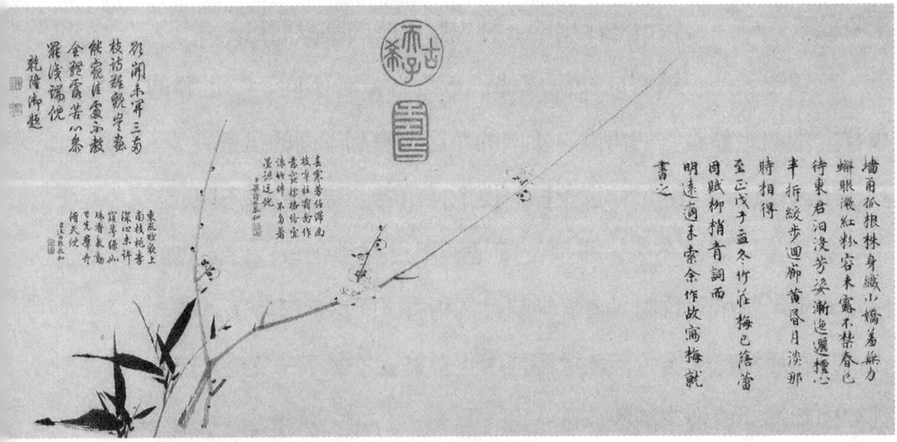

◎《梅竹图》 元代 吴瓘

第五章

梅苑赏梅去

“秦岭之心”有梅苑

一条横亘东西的秦岭山脉，再加上中国七大河之一的淮河，形成了中国东部的天然南北地理分界线。

古代，有一条从长安穿越秦岭通达陕南及蜀地的重要通道，被称之为子午道。

所谓子午，有多重含义：表时间，子为夜半，午为正午；表阴阳，子为阴极，午为阳极；表方位，子为正北，午为正南。若由此看，“子午道”之名暗含了中国古人的阴阳学说。

在一些古籍上，对“子午道”一名另有说法。东汉史学家班固编撰的《汉书》中这样记载：“其秋，莽以皇后有子孙瑞，通子午道，从杜陵直绝南山，径汉中。”对此，唐朝经学家、史学家颜师古这样注解：“子，北方也；午，南方也。言通南北道相当，故谓之子午耳。”

子午道北起长安县（今陕西省西安市长安区）子午镇，穿秦岭莽莽林海，越高山深谷，经宁陕县江口镇折向西南，进入石泉县境，又从石泉向西北进入洋县境内，再达汉中，由汉中再向南便可入巴蜀。

子午道大抵开辟于秦末汉初。东汉汉中太守王升撰文的《石门颂》中说："高祖受命，兴于汉中，道由子午。"清初学者顾祖禹《读史方舆纪要》中也有记载："项羽封沛公为汉王，都南郑。汉王之国，从杜南入蚀中，去辄烧绝栈道。盖即此（子午道）。"这说的是秦末楚汉相争，鸿门宴后，项羽封刘邦为汉王，领地是巴蜀和汉中共 41 县；刘邦离开咸阳去都南郑（今陕西省汉中市南郑县）所行之路就是子午道。

子午道又称"荔枝道"，这个暗香浮动的名字后藏着一个历史故事：当年唐玄宗为了满足杨贵妃吃新鲜荔枝的喜好，颁旨在涪州（今重庆市涪陵区）建优质荔枝园，并从涪州建起一条专供荔枝运输的驿道。该驿道从涪州起，经宣汉、万源、通江等地，转入子午道，后到达长安。晚唐诗人杜牧有诗记述此事："长安回望绣成堆，山顶千门次第开。一骑红尘妃子笑，无人知是荔枝来。"

处于秦岭中段南麓、被誉为"秦岭之心"的宁陕县，是子午道的必经之地。

宁陕县的历史可追溯至春秋战国，几经沧桑变迁，在元末时该县境内鲜有居民，但到了明朝中期该地又恢复了它应有的蓬勃活力；清乾隆四十八年（1783 年），此地设五郎厅；清嘉庆五年（1800 年），五郎厅改名宁陕厅；中华民国二年（1913 年），改宁陕厅为宁陕县，县名沿用至今。

宁陕县有个梅子镇，在很早之前该镇境内有个梅子坡，梅子坡上有人种梅树。如今那梅树已寻不到了，即使现今梅子镇年龄最大的老人也从未见过梅子坡的梅树。老梅无了，新梅发。如果你今天去梅子镇，说要看梅花，会有人告诉你："呐，往那边走，走过去就是子午梅苑，那里有大片梅花！"

子午梅苑由引汉济渭公司规划，宁陕引汉济渭开发有限公司建设，是引汉济渭大生态人文、自然和工业旅游景区的重要组成部分，也是陕南目前唯一一处梅花专类园。

这个梅苑的落成，得益于一个大型水利工程——引汉济渭工程。

引汉济渭工程是一项具有全局性、基础性、公益性、战略性的国家重大水利工程，是陕西省内的"南水北调"工程，也是国家南水北调工程的一个重要补充。该工程竣工后，将通过一段隐藏于秦岭山底的输水隧洞，每年将长江最大支流汉江及汉江支流的 15 亿立方米水，调到黄河最大支流渭河流经的关中各受水区，实现长江和黄河在秦岭"握手"，优化陕西省水资源管理，推动陕西实现区域可持续发展。

引汉济渭公司党委书记、董事长杜小洲说，引汉济渭工程将盘活陕西全省的水资源，从水资源丰富的陕南调水，不仅能解决水资源不足的关中平原的用水问题，还能增加 7 亿立方米以上的渭河干流水量，通过水权置换争取更多的黄河用水指标，推动陕北黄河引水工程建设，为陕北国家能源化工基地建设提供水资源保障。

"建设一处水利工程，打造一处水利景区。"引汉济渭公司将生态理念贯穿于工程全周期，从工程设计到施工，再到建成后的运行管理，始终坚持"绿水青山"的理念，将工程建设与周边旅游开发、水源地保护、湿地建设、工程景观建设等充分融合，把引汉济渭工程真正打造成绿色工程、生态工程、环保工程。

子午梅苑便是引汉济渭工程行在绿色环保路上的风景印迹之一。

在秦岭深处，漫步子午道，走进子午梅苑，在层层叠叠的梅花深处，在幽幽浮动的香意里，思一番花的品格，想一番人的精神，再回到那熙熙攘攘的都市，应是别有一种心境了。

◎引汉济渭工程宁陕县梅子镇移民新区

待到梅花盛开时

小雪节气刚过，山中多云，风细但寒气凛冽。

我们抵达梅子镇子午社区时已近中午。南昌村村主任王兴波也外出回来了，在子午社区等候我们。

子午社区是引汉济渭工程三河口水库库区移民搬迁安置区，地处宁陕、石泉、佛坪三县交会处，此地依山傍水，交通便利。统一规划的社区楼房，青瓦、白壁、马头墙清雅简淡。于此间居住生活，抬头即是青山，伸手可触花草，清流淙淙，鸟语盈耳，如生活在画中、诗中。

午饭时候，我们去了社区的一家餐馆。社区临街的楼房，一楼皆是一个个宽敞单间，可用于居住，更可用作商铺，这家餐馆便在其中。家常饭菜，食材新鲜，木耳、香菇是山上采来的，腊肉是店家自己熏制的，青菜亦是自己种的。

午饭后要采访，王兴波带我们去了一个村民家。

这户人家，男主人是个老党员，60 余岁，搬迁下山前的 50 多年都生活在山上。山上土地贫瘠，仅靠耕地难以谋生，他闲来便在山上帮人收拾木料。有一天务工时，一根木头滚落下来砸断了他的腿。这对一个靠体力养家糊口的山民来说，是突如其来的可怕的灾难，也是难以承受的生命之重。如果没有移民搬迁，如果他还住在衣食住行皆有诸多不便的山上，将如何面对生活？或许另有一些曲折的办法吧。人在箪瓢屡空的生活面前虽然很无奈，但也总能不屈服地活下去，不过是姿态不同而已。

引汉济渭工程三河口水库库区移民搬迁时，老人分得一笔可观的移民资金，下山买了房子；因腿脚不便，房子就选在了一楼。年岁已高、行动又不方便的他，本可不再工作，但劳动了一辈子，闲下来反而觉得不自在，那就再寻个事做吧。社区附近有个毛绒玩具厂，这个玩具厂是为解决搬迁群众就近就业而建，老人就去了那里上班。玩具厂离家近，工作内容也轻松，要工作时去工作，下班后在家附近的空地上种菜，这种有规律又不辛劳的生活，老人很满意。

王兴波说，从山上搬下来的村民，有很多都是就近就业，妇女、老人多去了玩具厂，壮年男子往往选择参与引汉济渭工程建设。通过不同的方式、不同的岗位投身到工程建设中，和引汉济渭人一起洞穿秦岭，引汉江水入关中，优化关中地区的用水环境。“以后西安人能喝到汉江水，这里面也有咱们村的一份功劳。”王兴波说，在库区移民搬迁前，他挨家挨户和村民交流搬迁事宜，常常会和村民说这句话，村民们听了也都很振奋，为自己能参与这样重大的工程而畅怀。

如今回头再看库区移民搬迁工作，王兴波生出许多赞叹。他说，实施搬迁是在 2013 年，但早在 2008 年就开始做搬迁调研工作，做移民生活安置规划，同时开启道路建设，等到搬迁工作落实时，

◎ 引汉济渭工程宁陕县梅子镇人民政府搬迁前旧址

路修好了，路灯装上了，移民社区以及社区附近的绿化建设也都好了。“原来我们村上别说公路了，有的地方连土路都不通。即使有条还算通畅的土路，但一到下雨天，就没有办法出行了。”王兴波说，一条路通了，所有的路就都通了，人也就富了。

搬入子午社区后，最令村民欣喜的一个改善就是，孩子们的教育环境改变了。

文人骚客们喜欢咏叹山中岁月静好，咏叹山水之上白云悠然，但他们却忽略了山路崎岖难行，耕种山田艰难，孩子们求学时在寂山野岭中穿行，跋涉很长很长的路才能抵达简陋的校舍。其中辛酸滋味，非山民所不能体味也。

生于 1982 年的王兴波说，他少时求学，距离他家最近的学校也有 9 千米，去学校的交通工具就是自己的双脚。每天翻山越岭去又翻山越岭回，独自走在山路上，没有诗文中咏叹的那种浪漫，只有难以言尽的艰苦。

如今好了，社区就建有学校，从幼儿园到小学。校舍是坚固整洁的楼房，教学配套设施也不亚于城市里的教学配套设施。看着孩子们在这样的环境里学习、成长，王兴波说他很高兴，这才是应有的“一代比一代好，一代比一代强”的样子。

孩子上学，总得有人接送、照顾。学校在家附近，大人上班，孩子读书，各忙各的，但大人又有足够的时间照应孩子。用王兴波的话说就是：“学校离得近，大人上班一个月能挣好几千块，接孩子又方便，两不误。”

孩子的教育环境改变了，医疗条件也得到很大的改善。村民们先前看病，虽说村子里有诊所，但诊所看不了的病就只能跋涉

◎ 引汉济渭工程宁陕县梅子镇移民搬迁前村民住所

几十里山路去县医院看。如今，医疗保健设施颇为完备的社区医院就在家门口，看病买药只需走几步路就到了。

除此之外，村民们买日常生活用品也不用再翻越迢迢山路去赶集了，社区里的商店和小超市足够满足人们的日常所需。

对王兴波来说，引汉济渭工程带给他的感触更多。他说："要是没有引汉济渭工程，我现在应该还是住在山上的贫困户。"

王兴波13岁辍学后就随人外出务工了。13岁的肩膀尚为稚嫩，怎么就不读书了？学校离家远，这个他能克服，但面对贫困的家境，这个小小少年就只能以辍学来妥协了。遗憾的是，打工赚到的钱对改善困窘的家境可以说是杯水车薪。王兴波说："我的总结就是，打工只能解决眼前的温饱，但不是长久之计。要想把生活过好，要想实现自己的人生价值，需要有长远规划。"

在引汉济渭工程移民搬迁之前的那些年，王兴波一直都奔波在出山、回山的路上。出山，是为打工挣些糊口的钱；回山，是想尽法子去改变生活状况。他养猪、养羊，栽培香菇，种植中药材，种种尝试，收获却不甚理想。何况搞养殖或种植都需要资金，而有些投资又回效颇慢，对寒门子弟来说是一种难耐的煎熬。

移民搬迁后，生活出现了转机。王兴波拿着移民补偿金在山下买了房子，又买了辆车。他是个有想法又有干劲的年轻人，村民们对他都很认可，就选举他当村主任。手里有存款，肩上又挑着村民寄予的厚望，本就对生活不认输的他，种白及、猕猴桃，也根据村民个人的意愿和条件带领他们发展特色产业。

王兴波说，在梅子镇，在引汉济渭工程三河口水库移民覆盖区，像他这样搬下山后生活发生巨大改变的人有很多，大家的居

◎ 引汉济渭工程宁陕县梅子镇移民新区

住环境改变了，生活水平提高了，可选择的发展空间也大了。更重要的是，孩子们的成长、教育环境变好了，这也意味着孩子们再也不用重复祖祖辈辈的寒山苦居生活，他们将来会有更多更好的选择，成为更优秀的人，创造更多的社会价值。正如鲁迅在《故乡》中所说：“他们应该有新的生活，为我们所未经生活过的。”

对未来，王兴波说他已有了一个长远的可持续发展的规划，也已经着手推进了。就像他投资种植的那 30 多亩猕猴桃，三年前种下，如今要挂果了，接下来一年年便是持续用心照护，让一株株猕猴桃树丰硕结果。

而眼下，王兴波最为期待的是，引汉济渭公司开发建设的“子午梅苑”再为梅子镇的村民带来益处。百余亩梅林，梅花开时，外地的游客要来，有了游客，山野特产也就迎来了春天，村民们也就真的可以“靠山吃山”了。

王兴波说，梅子镇、宁陕县有着丰富的森林资源、水资源和花岗岩、云母等矿产资源，这里的洋芋好、板栗好、核桃好，天麻、猪苓、黄精等中药材也很好，山上的土蜂蜜更好。他说他对这座山、这方水土一直都饱含深情，他想让更多人知道他的家乡，更希望居住在这山、这水中的纯朴热情的人们，有着更好的生活。

赏了梅花去吃茶

去生凤村的路不好走。

我在中原长大，那里一望无际皆是平原，从同一个镇的一个村庄去另一个村庄，多则半小时；倘若两村相邻，那就更快了，花不了几分钟时间。依着这个经验，我想当然地以为，生凤村隶属梅子镇，那么从梅子镇子午社区到生凤村也费不了多久吧。却忘了，这是在秦岭深处，我们走的是山路。山里人形容山路曲折漫长，是有句俗语的，叫“望山走倒马”。

先前一回回进山，所行之处尽是公路，这又给了我一个错觉，以为有人家的地方就有公路。的确，从子午社区去生凤村，我们驱车行了好久的公路，但走着走着公路就没了，更出乎意料的是，一个转弯后竟要顺着山坡往下行去。那是一条陡峭的、狭窄的、坎坷的山路，路的一侧是山体，另一侧是峭崖。我对孙留伟老师说：“幸好您驾龄长，开的又是越野车，不然这生凤村还真是难去。”

山路狭窄坎坷倒也罢了，因为前几日山中有雨，路上不时遇见山体滑坡后滚落的还没被清理的石块。更有一截一搂粗的树桩横在路中央，挡住去路。停了车，我和孙留伟老师欲合力将树桩推到路边，试了几次没成功。好在后面又来了一辆车，一个小伙子走下车，三人合力，终于挪开断树。三人相视一笑，萍水相逢的人顿时就熟络起来。原来，齐心去做一件事，也是个能迅速消除陌生感的好法子。那个小伙子也去生凤村，我们车在前，他车在后，方向不明时我们便停车请他指路；从生凤村返程时，竟又见着他在一户人家的门前，我们以微笑示意道别。

去生凤村的路有很长一段都在山谷里，沿途不时见着伐倒的林木和山竹，我们猜不透这是怎么回事。后来，我们的采访对象生凤村党支部书记邱桂芳解释说，那里是三河口水库淹没区，区域内的所有林木都要砍掉，之后还需进行消毒处理，方能引水，否则有损水质。这也就是说，再过不久，我们走过的这条路就不复存在了，取而代之的是一汪深水。

虽说行路难，但路上也曾遇到令人顿觉山中静好的风景。比如那一片挺拔的、苍翠的竹林，风吹竹动，仅在车上看着就觉得无限美好。比如那几丛宽叶的翠碧芭蕉，它们在深山处，在路边寂然生长，意趣盎然。再比如那几株荷，绿叶上扑满灰尘，但我知道，当它开花，必香远益清。

只是这一路行来，忽在山腰，忽入谷底，颠簸、曲折，也就对山中生活多了几分感慨。匆匆来去的城里人只见青山起清风，清风拂白云，白云深处有人家，以为漫山遍野皆是对月闲吹笛的诗情画意；倘若他们见着山民辛苦翻山越岭，有时大雨来了，雨没山中独木桥，无路可行，虽是冬日也需赤足涉水，大抵也就不觉得山中闲适了吧。我有几个朋友，他们在城市中生活久了，便去山中住几日放松身心，但人人都说，山中居三两日是好，再多时日便觉难熬。

水没独木桥，在生凤村是常有的事。

生凤村位于梅子镇西南部，是梅子镇最偏远、生活条件最差的村子。山大沟深，耕地稀少，对外交通甚是不便。那一条条横在河道或沟道上的独木桥，是山民出行必经之路，逢着大雨天，水涨上来，要外出，只能脱鞋涉水。生凤村北昌组的胡忠能，是村里的天麻种植大户，祖祖辈辈都住在河畔，河面上的一条枯木是他们一家人出行的唯一道路。每年田里产下的所有农作物都要靠人力小心翼翼地踩着枯木背进屋，拾掇好再踩着枯木背出大山，换得生活所需。如此原始的、艰苦的生活模式，也是生凤村其他村民的真实写照。

对出行困难，向来有“望到屋，走到哭”之说的生凤村，修路建桥是第一要事。

引汉济渭公司在梅子镇推进“引汉济渭三河口水利枢纽”建设时，对行路难的生凤村给予高度重视，组建扶贫工作队理思路、制方案。目前，引汉济渭公司为生凤村建设的 8 座便民桥已陆续建成并使用。而另一条生凤村出山主道——生凤大桥也已全面开工建设。

据悉，引汉济渭公司投入近 3000 万元建设生凤大桥，引汉济渭公司党委书记、董事长杜小洲常常亲临一线督导，现场解决建设困难。杜小洲说：“生凤大桥是生凤村‘脱贫攻坚’工作中重要的一环，在生凤村实现脱贫致富目标中具有重要作用。”他要求，各方建设单位要在建设过程中按照“安全第一、质量为本”原则，

◎ 引汉济渭工程宁陕县梅子镇移民新区，村民新家一角

按时按要求顺利完成生凤大桥建设。

在采访中，谈及生凤大桥的建设，生凤村党支部书记邱桂芳饱含深情地说：“生凤大桥是生凤村通往外界唯一的主通道，生凤大桥建好后，生凤村群众过河难、出山难的问题将得到解决，也必将带动当地的产业发展，提高群众收入，改善群众生产生活状况。所以生凤大桥也是生凤村未来的‘致富桥’。”

据邱桂芳介绍，引汉济渭公司不仅为生凤村修路建桥，公司领导班子成员与生凤村 18 户贫困户形成结对帮扶，通过定期入户走访，帮助贫困户解决生产生活困难，还组织相关专家进生凤村为村里的种养殖户授课，指导、纠正他们的种养殖技术。此外，又了解生凤村农产品种类与产量等情况，联系相关企业和单位，拓展生凤村农产品销售渠道，增加村民的收入。2018 年 10 月 31 日，安康市委、市政府召开“全市助力脱贫攻坚优秀企业和优秀企业家表彰大会”，授予引汉济渭公司“安康市助力脱贫攻坚优秀企业”荣誉称号，以此表彰引汉济渭公司和引汉济渭人的善行义举。

对涉及引汉济渭工程三河口水库的库区移民，引汉济渭公司积极给予妥善安置，有的村民从深山搬迁至宁陕县城安置小区，有的村民住进梅子镇子午社区。邱桂芳说：“引汉济渭工程三河口水库的建设促进了我们当地的经济发展，移民搬迁更是改变了很多农户的命运。比如生凤村最穷的那户人家，他们从出行困难、收成寒薄的山上搬到交通便利、生活舒适的移民安置区，又分到 100 多万元的移民补偿金，买房，买车，生活有了翻天覆地的变化。”

最令生凤村村民欣感的是，孩子们的教育环境变好了。以前因为出行困难，家离学校远的孩子只能住校，家长无力顾及孩子的学习，全凭孩子的自觉性，但有几个孩子不贪玩呢？如此一来，孩子们的成绩难免不理想。移民搬迁后，学校教育设施得到很大的改善，学校又离家很近，孩子们不用再跋涉山路，家长也有更多的时间陪伴、督促孩子学习。“以前在山上居住时，哪有谁家的孩子有条件上幼儿园呢？甭说幼儿园了，有的连读小学都困难。”邱桂芳说：“现在幼儿园、小学都有，娃娃们在进入小学前，也可以像城里的孩子那样先去幼儿园接受教育，适应学校生活。”

山上居民下山后，如何解决就业问题？邱桂芳说：“有一部分去了引汉济渭工程三河口水库建设工地，还有一部分进了‘生凤茶园’务工。”

生凤茶园也是引汉济渭公司对生凤村脱贫攻坚帮扶工作的重点项目之一。生凤村的自然条件、气候环境、土壤结构，还有其

◎ 引汉济渭工程宁陕县梅子镇移民新区新建学校，师生上课中

得天独厚的低海拔缓坡区，都极有利于发展茶产业。生凤茶园在引汉济渭工程三河口水库上方，等水库蓄水后，更有利于茶产业的发展。据邱桂芳介绍，仔细算起来，生凤村已有100多年的种茶历史，村中一直有村民在种茶，只是规模都很小，未能形成影响。如今茶园建起来了，先前种茶的村民有了用武之地，干劲十足。现建茶园约0.12平方千米，按照规划，2020年建茶园约0.33平方千米，2022年建茶园约0.67平方千米。

邱桂芳说，引汉济渭公司不仅对生凤茶园建设初期相关困难进行研判，出资为茶园购买茶苗，还紧盯茶园的种茶技术、制茶方法、品牌创建、茶产品销售及茶园产业发展模式等重点问题，更多次组织人员赴汉中市西乡县学习茶叶种植与管理技术，并就后期茶苗调运种植、长期合作等事宜与西乡茶园进行咨询与洽谈。

据悉，生凤茶园也是宁陕县首个在建茶园。

邱桂芳关注生凤茶园的发展，也一直关注着距茶园不远的子午梅苑。她说，三河口水库这厢是茶园，那厢是梅苑，去梅苑旅游的人赏过梅花，如果想喝茶了，就可以顺道来我们茶园。

那厢赏梅，这厢吃茶，想想也是件风雅惬意的事。

◎ 引汉济渭工程宁陕县梅子镇移民新区新建学校

平凡生活清自香

子午梅苑位于梅子镇安坪村境内。那么，找一个安坪村的老村民，听他说说他的家乡，说说他眼中的子午梅苑，也是好的。

找谁呢？梅子镇人民代表大会主席樊小维略一思索，向我们推荐了 58 岁的杨正森。

去见杨正森，路上费了些周折。

那是一个阳光晴好的下午，我们驱车去引汉济渭工程三河口水库建设施工所在地，杨正森在那里负责防汛值班工作。找三河口水库施工地，容易；在施工地找杨正森，不甚容易。曾向几个工人探问防汛值班室怎么走，有人说不清，有人说得清但也提醒我们，路不好找，要先过几个岔路口转入大坝底，再从坝底上去，在一个最高处有个小小的白房子，那就是了。既然如此，且行且问吧。

穿过一个宽阔的堆放着施工材料的广场，再转个弯，映入眼帘的是个有着坡道的深坑，沿着还算平缓的坡道下行，果然有个岔路，该往哪儿走呢？停车借问，然后顺着指引继续下行，不久又见岔路。再问，继续下行，到了坝底。白房子在哪儿？看不到。

去问路，这人摇头说不知。忽然望见坝底的一侧有个向上的坡路，坡路尽头似乎有个房子，莫非是在那儿？上一个长坡，行至地平面，白房子出现在眼前。门口站着的、那个微胖的、一脸温厚笑意的男子，正是杨正森。

杨正森在此工作已有一年，他所在的防汛值班室还有一个上夜班的同事，两人白夜班轮流，十天一个班次。日常负责监视实时雨水情况，掌握防汛现状和动态，并做好记录。杨正森说：“这是一个极需要耐心和细心的岗位，责任重大，丝毫马虎不得。”

此前，杨正森在安坪村村民委员会协助处理引汉济渭工程三河口水库库区移民的安置工作。他说，当初接到搬迁消息时，虽然知晓他家约 0.067 平方千米林地、约 5333 平方米水田要被水库淹没，但他并未犹豫，率先响应，并主动向其他村民宣传搬迁相关政策。一则因为他是党员，二则他已知悉引汉济渭工程的建设规划。这是一项利民惠民的举措，可谓“功在当代，利在当代，亦利后世”。

同村的村民素来信任杨正森，见他如此支持移民搬迁工作，便纷纷来找他交流想法。村民们信任他，大抵是因为他 1982 年至 1994 年曾在村子里做了十多年教师，很多村民或村民的孩子都是他的学生。不，不止于此，还有另一些原因。离开学校后，他养猪，种板栗、水稻，种桑养蚕，不管做什么，只要做得有起色了，其他村民向他请教经验，他都毫无保留地给予帮助。“养猪的时候，人家的染了猪瘟，我养的都没有。”他说，“我喜欢琢磨，喜欢学习，我用自己的知识在农村发展，也力所能及去帮其他人。”他努力让自己生活得更好，也希望乡亲们过得好，因为他热爱这山这水，

④
梅子鎮

◎ 引汉济渭工程宁陕县梅子镇移民新区

热爱他祖祖辈辈生活的地方。

历史上，在梅子镇还叫梅子坡的时候，甚至在更早之前，梅子坡就有很多外来移民，而杨正森的祖上则从明朝时候就在此定居了。杨正森说，梅子坡这个名字是有故事的，大概在清朝末年，此地有个爱好风雅的大财主，不知从哪儿移了几株梅树种在家门口。梅树总在天最冷的时候开花，花色娇艳，花香清幽。村民们觉得稀奇，口口相传，前来欣赏，慢慢地这儿就得了个“梅子坡”的名字。梅树虽然寿命长，少则几百年，长则一千多年，但几经沧桑变迁，不知哪年哪月起财主家的那几株梅树就不见了。梅树一去不复返，此地空余梅子坡。中华民国年间，梅子坡曾设有政府机关；1950年，此地设乡，因境内有梅子坡，便取乡名为梅子乡，但乡政府驻地小罐子村；再后来，政府为便于统筹治理，将小罐子村、梅子坡并入瓦房村，瓦房村后又与安坪村合并，统称安坪村。如今，梅子乡被撤销，设立梅子镇，安坪村属梅子镇所辖。

原来，梅子镇植梅是有渊源可循的。

杨正森说，如今引汉济渭公司开发建设的子午梅苑设在梅子镇，有历史优势也有地理优势，而梅子镇也会因子午梅苑的存在，使“梅子”之名更名副其实。

谈及子午梅苑的未来，杨正森兴致勃勃。他说他闲时爱一个人带着照相机四处走走看看，也就对梅子镇的山水有了更多了解。了解越深他越相信，随着子午梅苑的发展，梅子镇的旅游业一定会越来越好。

杨正森认为，要赏梅子镇美景，太平寨是要去的。太平寨上有块两米多高的鹅卵石，煞是好看，但也能看得出，这鹅卵石最初并不在那儿，而是有人从别处移到那儿的。那么高的山上，那么大的鹅卵石，前人是怎样移上去的呢？杨正森百思不得其解，只能赞叹、敬佩前人的智慧。

杨正森说，太平寨上还有一种奶子花，开的花就像女子的乳房，结的果子很好吃。他打算改天得闲了去那儿挖几棵，种在他的花盆里。

除太平寨外，杨正森还推荐了鸡公寨上的白岩洞。那是个天然溶洞，洞深且阔。洞里有千姿百态的钟乳和石笋，还有个观音像。早先的一些庙会有村民去那儿烧香祈福，但因入洞的路太陡峭，如今鲜有人去。

对于梅子镇的旅游业，杨正森提出了“一水一园一洞一寨”的设想。一水，指引汉济渭工程三河口水库；一园，指引汉济渭公司所建子午梅苑；一洞，指鸡公寨白岩洞；一寨，指太平寨。

一个平凡村民，要有多热爱自己的家乡，才会时时琢磨，并形成自己的独特见解，哪怕鲜有人和他交流，他还是在思索怎样让家乡变得更好。中国许许多多村庄，或许正是因为有许许多多这样平凡又不平凡的人，一个个村庄得以发展、生动、鲜活，这或许也是村庄延续的密码吧。

这也令我想起正在建设中的引汉济渭工程，当人们在秦岭山间行走赏玩时，有多少人会知道，在他们脚下，在“秦岭之心”，正有一群人在夜以继日地开挖一条近 100 千米长的地下输水隧洞？这条隧洞挖成后，每年可将 15 亿立方米的汉江及其三条支流的清水调入关中，不但可以解决关中平原水资源不足的问题，还能增加渭河干流水量。挖掘隧洞的那些人，他们有姓名，但那姓名大抵只有他们的家人和工友最熟悉吧；当数年过去后，工程结束了，他们离开，又有谁记得他们平凡的姓名？但他们已留下姓名，“秦岭之心”的那条地下输水隧洞记得。

世界太大了，大到我们每个人都是这世界上的一粒沙，但只要尽力生活、尽力发光，灵魂有香气，活出那么一些不一样，如此，再平凡的一粒沙在这个世界里都是自己的英雄，平凡而不平庸。就像开在子午梅苑的那些梅花，不与百花在春日争艳，不要人夸颜色好，只管从容地凌寒独开，清香远溢。

梅子熟了一碗酒

梅子酿酒，在中国有着悠久的历史，也有着深远的文化内涵。

梅子酒既有果酒的清香甜柔，又不乏蒸馏酒的浓烈风情，饮之绵软顺滑，不辣口，不涩喉，又不易上头。轻嗅，浓郁梅香扑鼻而来，氤氲酒香随后而至；浅酌，宛若玉露，似能和缓慢温柔的时光撞个满怀。

酿梅酒当然要有梅子，子午梅苑梅子多，梅子熟了酿梅酒。人生雅趣宜简不宜繁，酒名也便取为“梅子熟了”。

熟了，于人生来说，是历练之后的丰盈，是浮华之后的萃取，是山山水水之后不改的初心和一如既往的深情。

梅子熟了，亦是如此。

一碗梅酒，饮的是“子午梅醴”。这“子午梅醴”，它酿的是子午古道上的历史风云，是子午河中山的影子、云的心事，更是梅树凌霜傲雪、独先天下春的清雅风度。一碗“子午梅醴”，礼敬峥嵘岁月、礼敬坦荡君子、礼敬相惜知己。

一碗梅酒，饮的是“呢喃”。呢喃是对那些行走的长夜，还有那漫漫路上风霜雨雪的最好回应；呢喃是少女春日窗下静坐时的心语，是白衣少年午后徜徉时的足音，是所有行人在转山转水后的含笑回望。呢喃中藏了无尽爱意，相爱的人们或在山前相聚或在山后相逢。一碗“呢喃”，天下所有的水在相对的人眼中荡开，而世间所有的酒都不如这温润如月的眼前人。

一碗梅酒，饮的是“格调”。格调是一种文化态度、是一种人生境界，也可以说是一种品位、一种风骨，只属于那些能真正把生活过精致的人，他们在喧哗世界中总能去繁就简，心自在，脚步从容。一碗“格调”，饮尽风霜，不疾不缓至千里，优雅淡定做自己。

一碗梅酒，饮的是“坛酿”。坛者，器也；酿者，是用时光打磨心中珍宝的人。一坛梅酿，最朴素的器皿，盛了浮世繁华，其中有荣辱、有兴衰，有四季更迭里的态度与情义。饮一碗“坛酿”，拈花而笑，藏器于身，待时而动。

这一碗碗，饮的是酒，也是梅；饮的是心情，也是人生。这人生啊，要如梅，“更无花态度，全是雪精神”；这心情啊，要可歌可诗，长歌吟咏罢，起身过千山。

梅苑开了，梅子熟了，花好、酒好，待君来赏花、饮酒，在微醺里，看时光缓慢流淌，一半浓烈、一半风情。

附

子午梅苑梅花品种介绍

梅花被誉为“中国传统十大名花之首”。

经考古发掘，在距今约8000年前的裴李岗遗址内发现了梅核，证实梅是中国原产、应用历史最久的果树。自引种栽培梅树距今也有3000多年历史，在这漫长的栽培驯化过程中先出现的是果梅品种，然后从果梅或野生梅中逐渐分化出了专供人们观赏的梅花品种。根据史料记载，梅作为观赏性城市绿化树种，距今已有2000多年历史。

中国第一个国际植物品种登录，即梅品种国际登录。1998年，中国花卉协会梅花蜡梅分会成功申请梅品种国际登录。著名园艺学家、园艺教育家、人称“梅花院士”的陈俊愉先生为梅品种国际登录权威。陈俊愉先生也是中国第一个国际栽培品种登录权威及登录专家。

一、按照《国际栽培植物命名法规》，目前我国梅品种共分 11 个品种群，分别是:

（一）江海（单瓣）品种群（Single Flowered Group）；

（二）宫粉品种群（Pink Double Group）；

（三）玉蝶品种群（Albo-plena Group）；

（四）黄香品种群（Flavescens Group）；

（五）绿萼品种群（Green Calyx Group）；

（六）朱砂品种群（Cinnabar Purple Group）；

（七）跳枝（洒金）品种群（Versicolor Group）；

（八）龙游品种群（Tortuosa Group）；

（九）垂枝品种群（Pendulous Group）；

（十）杏梅品种群（Apricot Mei Group）；

（十一）美人（樱李梅）品种群（Meiren Group）。

二、中国梅品种分为11个品种群，梅品种国际登录的有300多个品种，子午梅苑选择栽培其中的80多个品种及1个果梅品种。为了向广大民众科普梅花基本知识，本着严谨科学的态度，本书后附各梅花品种特性的介绍，均依据中国梅花专家陈俊愉教授的相关描述，简要介绍如下：

（一）江海（单瓣）品种群，共有30个品种；子午梅苑选择4个品种，分别是：

1. 江梅

树冠：倒卵状扁圆形。枝干：干灰紫，大枝斜出；小枝直上、斜出及横伸，中粗，淡暗绿，生长量中等。着花状况：中密，1～2朵着生于短、中及长花枝上。

花期：2月下旬至3月中旬。花径：2.1～2.3cm。花蕾：倒卵形，顶尖或圆，中心无孔，淡乳黄。花态：碟形。花色：正反面均白色。花梗：短。花心：正常。花有清香，不结实。

2. 雪梅

树冠：扁圆形。枝干：干灰紫褐色；大枝直上及斜出；小枝直上及斜出，粗，淡灰绿；枝刺多；年生长量大。着花状况：繁密。

花期：3月下旬。花径：2.3～2.9cm。花蕾：淡乳黄，洒极淡水红晕或全不洒晕。花态：碟形。花色：正、反面均为白色，不洒水红晕。花梗：短。花心：正常。

3. 寒红梅

树冠：不正扁圆形。枝干：干灰紫；大枝斜出；小枝直上及斜出，较细，淡灰绿，年生长量中等。着花状况：较繁密，1～2朵着生于长、中、短花枝上，少数于束花枝上。

花期：2月上旬至3月上旬。花径：2.2～2.5cm。花蕾：倒卵形，玫瑰红色，顶圆无孔。花态：碟形。花色：正面淡紫，反面淡紫至浓紫。花瓣：多为5朵，亦有6～7朵者。花梗：短。花心：正常。花期早而长，色艳。

4. 淡寒红梅

树冠：不正扁圆形。枝干：灰紫褐，有不规则纵驳纹；大枝斜出，色同干，小枝直上及斜出，淡灰绿，有枝刺。着花状况：疏生至繁密，1～2朵着生于长、中、短花枝上。

花期：2月下旬至3月中旬。花径1.8～2.8cm。花蕾：倒卵形，深粉红色。花态：蝶形。花色：正面淡紫，反面淡至极浅紫。花梗：短。花心：正常。花期早而长，系良种。

（二）宫粉品种群，共有131个品种；子午梅苑选择39个品种，分别是：

1. 粉皮宫粉梅

树冠：开张扁圆形。树干皮孔较多，中大，有纵驳纹。枝干：干灰褐，有不规则纵驳纹；大枝斜出；小枝直上或斜出，中粗，淡灰绿，枝刺多。着花状况：极繁密，1～2朵密生于各类花枝上。

花期：2月上中旬。花径：2.3～3.2cm。花蕾：稍扁圆至圆形，顶圆，中心多无孔，淡玫瑰红。花态：浅碗形至碟形，花瓣3层或更多，层层紧叠。花色：正面极浅紫，反面淡紫至极浅紫。花内瓣紧贴。萼片：5～6片，略反曲至强烈反曲，淡绿，多为绛紫所掩，常另加瓣萼或膜萼1枚。花梗：短至中长。花心：正常。花有浓香，少量结实。 花期早，着花极密而群花期长，特适做切花等用。

2. 粉霞宫粉梅

树冠：扁圆形。枝干：干灰紫褐，有不整齐纵驳纹；大枝斜出及横伸；小枝直上及斜出，粗壮，灰褐色。着花状况：1～2朵着生于各类花枝（包括枝刺）上，罕3朵，中等繁密。

花期：3月中旬。花蕾：不正之扁圆，中心有孔或无孔，略暗粉红色。花态：浅碗形，层层疏叠，花形整正。花色：正面极浅红紫，反面淡至极浅紫。萼片平展至略反曲，绛紫。花梗：中长。花心：正常。

3. 大羽宫粉梅

树冠：卵圆形。树干灰褐色，皮孔少，较小。枝干：大枝直上或斜出；多无枝刺；小枝多斜出，细至中粗，浓绿，年生长量中至小，树势稍弱。着花状况：中密至疏，多单朵着生于中、短及束花枝上。

花期：2月下旬至3月上旬。花径：2.8～3.5cm。花蕾：椭圆，中心无孔，桃粉红。花态：碟形，似杏花，花瓣3层，稀疏排列。花色：正面极浅堇紫，反面极浅紫。萼片平展至略反曲，淡绿，多为绛紫所掩。花梗：中长至短。花心：正常。花有浓香，结果量大。

4. 虎丘晚粉梅

树冠：略扁不正倒卵形。树干皮孔少，小，无纵驳纹。枝干：干紫褐；大枝直上及斜出，淡灰绿，较细，树势中，但枝多，发枝力强，节间短；年生长量中等。着花状况：极繁密，1～3朵着生于各类花枝上。

花期：3月上旬至中旬。花径：2.1～2.7cm。花蕾：扁圆倒卵形，顶平，中心无孔，粉红。花态：碟形，花瓣5～6层，瓣略内扣，层层紧叠。花色：正面粉红淡堇紫至极浅，反面比正面稍深。花梗：短至中长。花心：正常，花期较晚。

5. 扣瓣大红梅

树冠：卵形。枝干：干略紫灰褐色，皮孔疏大；大枝直上或斜出；小枝直上及斜出，绿色，生长势强，有枝刺。着花状况：繁密，1～2朵着生于短、中及束花枝上。

花期：2月上旬。花径：2.2～3cm。花蕾：不正扁圆形，深桃红色，中心有孔，常露出柱头。花态：碗形，花瓣常在边缘处内扣。花色：正面淡至极浅紫，反面淡紫。花梗：短至中长。花心：正常。花有甜香，系四川常见优良老品种。

6. 迎春粉梅

树冠：略扁圆形。树干皮孔少，无纵驳纹。枝干：干灰褐，略有驳纹；大枝斜出；小枝直上、斜出及横伸，中粗至略长，浅灰色。着花状况：繁密，1～2朵着生于长、中及短花枝上，少数于侧枝上。

花期：2月上旬至下旬。花径：2.8～3.1cm。花蕾：扁圆，顶平，中心无孔，略暗淡红。花态：浅碗形，花瓣3～4层，层层疏叠。花色：明丽，正面极浅紫红，背面极浅至淡紫。花梗：中长。花心：正常。花期早，有甜香，易结实。

7. 淡桃宫粉梅

树冠：不正之空心扁圆。枝干：干暗灰褐，多纵驳纹，皮孔多，中小；大枝直上及斜出；小枝直上、斜出及横伸，淡黄绿，常洒古铜晕，中粗，有枝刺，年生长量中等。着花状况：繁密，1～2朵着生于中、短花枝和束花枝上，罕在长花枝上。

花期：3月上中旬。花径：2.7～3.3cm。花蕾：倒卵形，中心无孔，玫瑰红色。花态：浅碗形，各瓣疏叠，瓣边常起伏，内有碎瓣飞舞。花色：正面淡堇紫，反面淡至浓堇紫。花梗：中长。花心：正常。开花繁密而花大色艳，系南京传统优良品种。

8. 桃红台阁梅

树冠：倒卵形，不开张。树干灰褐色，皮孔较少，中大。枝干：大、小枝直上；小枝细，灰暗绿，常有褐斑。着花状况：1～2朵着生于中花枝上，有时在短或长花枝及枝刺上。

花期：2月下旬。花径：2.7～3.6cm。花蕾：扁圆，中心有孔，深玫瑰桃红色。花态：浅碗形至碟形，花轮圆正，花瓣约7层，层层紧叠，内有少数碎瓣，常略波皱。花色：正面极浅堇紫，反面浓堇紫。花梗：短。花心：常有台阁或台阁状，罕空心。花有甜香，色艳，台阁较普遍。

9. 南京红梅

树冠：倒三角形。枝干：干暗褐紫，有各种纵驳纹；皮孔大而少，大枝直上及斜出；小枝平伸及斜出，淡灰绿，常洒古铜晕；年生长量中至小，枝刺中多。着花状况：极繁密，多单朵着生于短、中及束花枝上，少数于长花枝上。

花期：2月上旬至3月上旬。花径：2.1～2.8cm。花蕾：近倒卵形，顶圆，无孔，玫瑰红色。花态：全花呈不整齐之碟形，瓣边常波皱，内瓣略内扣，常有碎瓣起伏。花色：正面淡至浓堇紫，反面浓堇紫。花梗：短至中长。花心：正常。

10. 洪岭二红梅

树冠：不正倒卵形。树干皮孔较少或少，无纵驳纹。枝干：干灰紫褐；大枝斜出，小枝直上及斜出，淡灰绿，半边洒古铜晕，多枝刺。着花状况：中密，多单生于长、中花枝上，罕生短、束花枝及枝刺上。

花期：3月上旬至下旬。花径：1.7～2.5cm。花蕾：扁圆至倒卵形，中心无孔，桃红色。花态：碟形，花瓣5～6层，层层疏叠，内层常另有碎瓣。花色：正面淡堇紫，反面浓堇紫。花梗：短至中长。花心：台阁或台阁状。花有甜香。

11. 人面桃花梅

树冠：倒卵形。树干皮孔较多，中大，有纵驳纹。枝干：灰褐色，有不整齐驳纹；大枝直上及斜出；小枝中粗，灰绿，直上及斜出，生长势中等。着花状况：繁密，1～2朵着生于长花枝上，少数于中、短花枝上。

花期：2月下旬至3月上旬。花径：2.7～2.9cm。花蕾：椭圆形，长，顶尖，初开时似含苞小月季。花态：浅碗形，整正，层层疏叠，瓣边有时略皱。花色：正面淡至极浅堇紫，反面比正面略深。花梗：中长至短。花心：正常。开花繁密，色鲜香甜。

12. 大宫粉梅

树冠：不正扁圆形。树干皮孔中多，中大。枝干：干灰褐色；大枝直上或斜出；小枝斜出，灰绿，半边洒古铜晕，生长势中等。着花状况：繁密，1～2朵着生于各类花枝上。

花期：2月上旬至中旬。花径：2.8～3.2cm。花蕾：略扁圆形，中心无孔，淡桃红色。花态：碟形，半边起伏波卷。花色：正面极浅紫，反面浅至极浅堇紫。花梗：中长。花心：正常。花大瓣重，浓香，传统地方优良品种。

13. 小宫粉梅

树冠：空心扁圆形。枝干：干淡紫褐，较光滑，略有驳纹，皮孔密；大小枝均斜出，少数直上；小枝中粗，淡暗绿，半边洒古铜晕；生长势中至强，枝刺中多。着花状况：极繁密，1～2朵着生于各类花枝上。

花期：2月中旬至3月上旬。花蕾：倒卵形，顶圆，中心无孔，淡红。花态：碟形至浅碗形，平展，花瓣约3层，层层紧叠，内层有碎瓣飞舞。花色：明丽，正面极浅，反面极浅紫。花梗：短。花心：正常。其花有甜香，易结实。本品种开花极为繁密，花小瓣少。

14. 晚碗宫粉梅

树冠：不正扁圆形。树干灰褐，皮孔较多，较大，有纵驳纹；大枝斜出；小枝中粗，灰绿，半边洒古铜晕，有枝刺。着花状况：繁密，1～2朵着生于各类花枝上。

花期：3月上旬至下旬。花蕾：扁圆，顶圆或平截，中心无孔，略暗粉红。花态：碗形，常在花轮边缘1～2处向内扣缩。花色：

正面淡至极浅堇紫，反面浓堇至浓紫。花梗：中长。花心：正常或台阁状。花有甜香，不结实。

15. 粉玉宫粉梅

树冠：略扁倒卵形。枝干：干深灰紫褐，多不规则纵驳纹，皮孔中多；大枝直上及斜出；小枝多直上，中粗至粗，淡灰绿，半边洒古铜晕，年生长量中至大；枝刺少。着花状况：中密，1～2朵着生于各类花枝上。

花期：3月上旬至下旬。花径：2.5～3cm。花蕾：倒卵圆，中心有孔或无孔，深肉红。花态：碟形至浅碗形，花瓣3层，层层疏叠，内外飞舞。花色：正面极浅堇紫，反面极浅至淡堇紫，瓣色不匀，反面略深。花梗：短至中长。花心：正常。花有淡香。

16. 粉妆台阁梅

树冠：不正倒卵形。枝干：干紫褐色；大枝斜出；小枝斜出及横生，中粗，淡暗绿色，半边洒古铜晕。着花状况：中密，单朵着生于短、中花枝上。

花期：2月上中旬。花径：2.2～2.7cm。花蕾：扁圆形，中心有孔。花态：碟形，层层疏叠。花色：正面淡至极浅紫，反面淡紫。花梗：短至中长，长约0.3cm。花心：台阁明显。花有淡香。

17. 老人美大红梅

树冠：不正扁圆形。树干皮孔较少，无纵驳纹。枝干：干紫褐色；大、小枝直上及斜出；小枝灰绿，较粗，半边洒古铜晕；略有枝刺，生长势中。着花状况：中密，单生于各类花枝上。

花期：2月上旬至中旬。花径：2.6～3cm。花蕾：略扁圆形至圆形，中心有孔，大红色。花态：浅碗形至碟形，层层疏叠。花色：正面淡至极浅紫，反面淡紫，色常不匀。花梗：中长。花心：正常。花有淡香，四川传统良种。

18. 长须宫粉梅

树冠：不正扁圆形。枝干：干灰褐，略有驳纹，皮孔中多，中大；大枝直上及斜出，色同干；小枝直上及斜出，多枝刺，略灰绿。着花状况：疏，单朵着生于短、中花枝上。

花期：2 月下旬至 3 月上旬。花径：2.1 ～ 2.7cm。花蕾：倒卵状扁圆，玫瑰红，有中孔，柱头外露。花态：碟形，层层紧叠，较整齐。花色：正面淡堇紫，反面浓堇紫。花梗：短至中。花心：正常。花有甜香。

19. 宫春梅

树冠：不正倒卵形。树干皮孔少，无纵驳纹。枝干：干紫灰褐色；大枝直上或斜出：小枝斜出，灰绿色，半边洒古铜晕。着花状况：繁密，着生于长、中、短花枝及枝刺上。

花期：2 月上旬至中旬。花径：2.5 ～ 3cm。花蕾：卵圆至扁圆，中心无孔，桃红色。花态：碟形至浅碗形。花色：正面极浅紫，色不匀，反面浓紫，色亦不匀，且外轮晕白边。花有甜香，多数花蕾向下。成都传统品种。

20. 千叶红梅

树干：皮孔较多、较大，有纵驳纹。枝干：小枝斜出及横生，灰绿，半边洒古铜晕，细；有枝刺。着花状况：多单生，罕双生于各类花枝上。着花繁密。

花期：3 月上中旬。花径：2.7 ～ 3cm。 花蕾：卵状扁圆形，中有孔；柱头有时外露，暗粉红。花态：碟形，有碎瓣及变瓣飞舞。花色：正面极浅堇紫，反面淡堇紫。花梗：中长。花心：正常。花浓香，上等，重瓣性强。花大，花态优美。

21. 小鸥宫粉梅

树冠：不正扁圆形。枝干：干灰褐紫色，稍有纵驳纹，皮孔疏大；大枝灰褐紫色，多直上及斜出；小枝多直上或斜出，罕横伸，淡暗绿色，中粗，半边常洒半暗古铜晕；生长势中上。着花状况：繁密，1～2朵着生于各类花枝上（含枝刺）。

花期：2月中旬至3月上旬。花径：2.3～3cm。花蕾：略扁圆形，略暗粉红色，中心无孔。花态：疏散而略内扣的碗形，个别盛开后略后翻。花色：正、反面均极浅至淡堇紫色，瓣色常不匀，尤以外瓣反面为甚。花梗：中。花心：正常。

22. 台阁宫粉梅

树冠：卵球形至倒卵形，全株较开展。枝、干上皮孔较小。枝干：大、小枝直上或斜出，小枝中至粗，生长势强。着花状况：多1～2朵疏生于长、短花枝上。

花期：3月上旬至下旬。花径：2.3～3.2cm。花蕾：扁球形，有中孔，有时柱头外露，深粉红色。花态：整齐，浅碗形，瓣约5层，瓣边婆娑飞舞。花色：正面淡至极浅堇紫，反面淡堇紫。花梗：中长至长。花心：常有1台阁或台阁状。花有清香，不结实，花大色艳，为成都传统品种。

23. 贵妃台阁梅

树冠：阔椭圆形。枝干：干灰褐，皮孔大而疏；大枝直上及斜出，色同干；小枝中粗，淡暗绿；生长势中至强，多枝刺。着花状况：单朵聚生于束花枝、中花枝及短花枝上，少数在长花枝上。着花繁密，节间短。

花期：3月上中旬。花径：2.4～3.4cm。花蕾：暗粉红，有中孔，扁圆，雌雄蕊部分外露。花态：浅碗形至碟形，层层紧叠，常另有碎瓣及雄蕊瓣起伏。花色：正面极浅紫，反面极浅至淡紫。花梗：中。花心：台阁或台阁状，台阁有时甚大。

24. 华农晚粉梅

树冠：倒卵状长圆形。树干灰褐色，皮孔较少或中，有纵驳纹。枝干：大枝直上及斜出；小枝直上及斜出，淡暗绿色；枝刺多，生长势弱。着花状况：单朵着生于短花枝上，少数于中花枝和束花枝上。

花期：3月上中旬。花径：2.5～3cm。花蕾：扁圆倒卵状，淡粉红，中心无孔或有孔。花态：浅碗形至碟形，层层疏叠。花色：正面极淡堇紫，反面极淡至淡堇紫。花梗：至长。花心：正常。

25. 淡晕宫粉梅

树冠：不正倒卵形。树干皮孔较少，中大，有纵驳纹。枝干：干灰紫褐；大枝斜出及直立；小枝多直上，少数略斜出，较粗，灰绿；生长势较强，多枝刺。着花状况：疏生，多单朵着生于中、短花枝、束花枝及枝刺上，少数着生于长花枝上。

花期：2月上旬至下旬。花径：2.2～3.1cm。花蕾：略扁圆形，中心有孔或无孔，个别柱头外露，淡米黄，顶有肉红晕。花态：浅碗形，层层紧叠。花色：正面为近白色至极浅绿黄，反面同正面，但个别瓣端有极浅红紫晕。花梗：短。花心：正常。花有甜香，结果。

26. 重瓣粉口梅

树冠：不正开张扁圆形。树干皮孔较少或较小。枝干：干紫灰褐，有不规则纵驳纹；大枝斜出或直上；小枝斜出或横伸，略细至中粗，淡暗绿。着花状况：繁密，1～2朵着生于各类花枝上，尤以长花枝为多。

花期：1月中旬至2月上旬。花径：2.1～2.7cm。花蕾：略扁倒卵形，顶略平截，中心无孔，粉红。花态：不整齐碟形至浅碗形，花瓣数层，外层瓣小。花色：正面极浅紫，反面淡紫，瓣色常不均匀；盛开时外层花瓣有时显紫红脉纹。花梗：中长。花心：正常或台阁状。不结实。

27. 粉羽梅

树冠：直立长倒三角形。枝干：干灰褐，有较多纵驳纹，皮孔中多，中大；大枝直上，多枝刺；小枝直上、斜出，灰绿；生长势中。着花状况：中密，单朵着生于中、短、束花枝上。

花期：2月中旬至下旬。花径：2.6～2.8cm。花蕾：扁圆，有或无孔，顶端有红晕。花态：浅碗形，层层疏叠，瓣色不匀。花色：正面近白色，反面中部及边缘具淡紫堇，色晕，其余大部近白色，瓣色不匀。花梗：中长。花心：正常。花有淡香。

28. 莲湖深粉梅

树冠：不正倒卵形。枝干：干直立，灰紫褐，皮孔疏大；大枝直上及斜出，皮孔中密；小枝直上及斜出，中粗，略灰绿，略有枝刺。着花状况：繁密，单生在各类花枝上。

花期：2月下旬至3月中旬。花径：2～2.7cm。花蕾：深粉红至深桃红，略扁圆至阔卵形，中心无孔。花态：碟形，层层紧叠，盛开略向后翻。花色：正面极浅至淡紫，瓣边较浅，反面中至浓紫，瓣心较深。花梗：短。花心：正常。

29. 矫枝梅

树冠：扁圆形。树干灰褐色，皮孔少。枝干：大枝斜出；小枝斜出或直上，深灰绿，半边洒古铜晕，中粗；生长势中等。着花状况：1～2朵着生于各类花枝上，繁密。

花期：2月下旬至3月中旬。花径：2.1～2.9cm。花蕾：扁圆，中心有孔，柱头外露。花态：不正浅碗形。花色：正面极淡堇紫，反面淡红紫，瓣色均不匀。花梗：中至短。花心：常台阁状。

30. 雪海宫粉梅

树冠：不正阔椭圆形。枝干：干灰紫褐，有少量纵驳纹，皮孔少而大；大枝直上及斜出，色同干，小枝绿；多枝刺。着花状况：极繁密。

花期：2月下旬至3月上旬。花径：2.3～3cm，大小不匀。花蕾：椭圆至倒卵形，有孔或无，粉红至淡暗玫瑰红。花态：整正，碟形，瓣3层疏叠。花色：正、反面均极浅堇紫至极浅紫堇。花梗：中长。花心：正常。

31. 丽江红梅

树冠：不正倒卵形。枝干：干紫灰褐色，大枝直上及斜出，小枝直上及斜出，灰绿色，略洒古铜晕。着花状况：繁密，1～2朵，少数3朵着生于中、长花枝上。

花期：2月中下旬。花径：2～2.7cm。花色：正面为极浅的紫堇色，反面极浅紫堇。花梗：短。花心：正常。花有清香。由丽江引入，系云南地方品种。

32. 蹩脚晚水梅（别脚晚水梅）

树冠：不正倒卵形。枝干：干深紫灰褐，有纵横不规则驳纹，皮孔大，中密；大、小枝直立及斜出；小枝黄绿，无枝刺，生长势中等。着花状况：较繁密，1～2朵着生于长、中花枝上，少数着生于束花枝及短花枝上。

花期：3月中旬。花径：2.3～2.8cm。花蕾：扁圆，顶平截，有或无中孔，玫瑰粉红。花态：浅碗形，瓣边1～2处向内扣缩，层层紧叠，内有碎瓣婆娑飞舞，萼和瓣之间有较小之瓣，向内层渐趋变大。花色：正面基部为极浅紫，其深晕为淡堇紫；反面淡堇紫。花梗：中长至短。花心：正常。重瓣性强，色艳，浓香。

33. 粉晕宫粉梅

枝干：干紫褐，皮孔较多，中大，略有纵驳纹，斜出；大枝斜出，色同干；小枝直上及斜出，中粗，灰绿，半边洒灰紫古铜晕；生长势中。着花状况：多1朵，罕2朵，着生于中、长花枝上，少数于短花枝上。

花期：2月下旬至3月中旬。花径：1.8～2.6cm。花蕾：圆球至扁圆，米黄，近中心淡粉红，中心有孔或无孔，有时柱头外伸。花态：碗形，花瓣层层重叠。花色：正面极浅红紫，背面淡红紫，瓣边略深。花梗：短至中长。花心：台阁状。

34. 凝馨梅

树冠：空心扁圆形。树干灰褐色，皮孔少，有纵驳纹。枝干：大枝斜出；小枝斜出及横伸，中粗，淡灰绿，年生长量中等。着花状况：极繁密，1～3朵着生于中、长花枝上，少数于短花枝和束花枝上。

花期：3月上旬至中旬。花径：2.4～3cm。花蕾：扁圆，顶平，中心无孔，淡桃粉肉红。花态：浅碗形，花瓣4～5层，层层紧叠。花色：正面近乎白色至极浅红紫，反面极浅紫。花梗：中长。花心：正常，或偶现台阁状。花有浓甜香，不结实。花色秀美，花香浓郁，系重庆优良品种。

35. 惊蛰梅

树冠：倒卵状球形。枝干：干灰褐，皮孔中大，中密；大、小枝斜出或直上，小枝淡暗绿，略粗壮，生长势强，多枝刺。着花状况：繁密，多1～2朵疏生于各类花枝上。

花期：在其主栽地重庆2月下旬3月上旬盛开。花径：2.1～3.1cm。花蕾卵状球形，淡水红，中孔有或无。花态：碟形，较整齐，全花盛开时略向后翻，花瓣近圆形，各瓣层层紧叠，近中心有数碎瓣婆娑飞舞。花色：正面极浅紫红，反面较正面略深，淡堇紫。花梗：短至中长。花心：有时具1台阁小花。花清香，能结实。系重庆传统优良品种。

36. 磨山宫粉梅

树冠：倒卵形。树干皮孔较少，有纵驳纹。枝干：干灰褐，稍有纵驳纹；大枝色同干，直上及斜出；小枝淡暗绿，中粗，直上、斜出及横伸。着花状况：繁密，多1朵或2朵着生于各类花枝上，而以长花枝为多。

花期：始花较早，1月下旬至2月中旬。花径：2～2.5cm。花蕾：

略扁圆形，水红，不露中孔。花态：碟形，3层疏叠，较规整。花色：正面极浅紫，反面极浅至淡紫，色较匀。花梗：中长。花心：正常。系磨山梅园杂交选育之新品种。

37. 紫羽梅

树冠：不正空心扁圆形。枝干：干褐灰色，略有驳纹，皮孔多而中大；大枝直上及斜出，色同干，小枝直上、横伸及斜出，灰绿，中粗；生长势中。着花状况：多单生，罕双生，中花枝上多，少数于长枝、枝刺、束花枝上。

花期：2月下旬至3月上旬。花径：3～3.3cm。花蕾：扁圆形，无中孔，淡暗玫瑰紫。花态：碟形，盛开后瓣外翻，层层疏叠。花色：正面极浅至淡紫堇，反面淡至浓紫堇。花梗：中长。花心：正常。

38. 淡粉梅

树冠：卵状圆形。枝干：干灰褐紫，有纵驳纹，皮孔多，中大；大枝直上及斜出；小枝中粗，多斜出，淡绿色，枝刺中多。着花状况：较繁密，1～2朵着生于各类花枝。

花期：3月中上旬。花径：2.4～3cm。花蕾：倒卵形至扁圆状倒卵形，粉红，中心无孔。花态：蝶形，层层紧叠，外瓣盛开后略向后翻，内有碎瓣飞舞。花色：正面近白色，比极浅堇紫更淡，反面极浅堇紫。花梗：短至中长。花心：正常。本品开花较繁，花色娇艳明丽，味甜香，属优良品种。

39. 傅粉梅

树冠：不正倒卵圆形。枝干：干皮孔少，无纵驳纹；干灰褐色；大、小枝横伸，直上或斜出；小枝灰绿色，生长势中等。着花状况：中密，单朵着生于长花枝上，少数着生于中、短花枝上。

花期：2月上旬至中旬。花径：2.8～3.5cm。花蕾：扁圆，中心有孔，粉红色。花态：碗形至浅碗形，层层疏叠。花色：正面近米白至极浅紫，反面极浅紫。花梗：中长。花心：正常。花清香，花大形美。系优良品种。

（三）玉蝶品种群，共有26个品种；子午梅苑选择6个品种，分别是：

1. 三轮玉蝶梅

树冠：略扁圆形。枝干：灰褐色，皮孔少，大枝斜出，小枝直上及斜出，粗，淡灰绿，半边洒古铜晕，有少量枝刺；生长势强。着花状况：中密，1～2朵着生于中、短枝及束花枝上。

花期：2月上旬至3月上旬。花径：2.2～3cm。花蕾：略扁卵圆形，中心无孔，淡乳黄色，顶端洒肉红晕。花态：碟形；花轮近圆而整齐，最外层较平展，内层较整齐而内抱，花瓣3层，层层紧叠。花色：正反面均纯白。花梗：中长。花心：正常。花有清香，易结实。

2. 小玉蝶梅

树冠：不正扁圆形。枝干：干灰褐色，皮孔少；大枝斜出及直上；小枝斜出及横生，细，灰绿，半边洒古铜晕，有枝刺。着花状况：多单朵着生于中、短花枝上，也有生于束花枝及枝刺上者。

花期：2月上旬至3月上旬。花径：1.7～2.1cm。花蕾：倒卵圆形，中心无孔，淡乳黄，洒淡肉红晕。花态：碟形至浅碗形，花瓣多2～3层，有时更多，层层疏叠，盛开后略向后翻。花色：正反面均乳白。花梗：短。花心：正常。花有甜香，不结实。

3. 素白台阁梅

树冠：扁圆形。枝干：干暗灰紫色，皮孔少，有少量纵驳纹；大枝斜出；小枝斜出或直上，粗壮；树势中等。着花状况：1～2朵着生于各类花枝上。

花期：2 月上旬。花径：2.1 ～ 2.3cm。花蕾：扁圆形，中心无孔或有孔，乳白色，常洒极淡粉晕。花态：碟形，纯白，有不整齐波皱，层层疏叠。花色：正面白色，反面白色，有时洒极浅紫红晕。花梗：中至长。花心：台阁显著。花开时朵朵向下，呈照水状，清香。系成都优良地方品种。

4. 黄山玉蝶梅

树冠：不正扁圆形。枝干：干灰褐，有不规则纵驳纹，皮孔显著而大；大枝直上及斜出；小枝直上横生及斜出，淡绿色，有古铜褐斑，略细，生长势中。着花状况：繁密，节间短，1 ～ 2 朵着生于短、中花枝及束花枝上，少数在长花枝上。

花期：3 月上旬至中旬。花蕾：椭圆至阔椭圆，无孔，顶端略洒淡粉晕。花态：浅碗形，瓣约 3 层，疏叠，较整齐。花色：正反面均为白色。花梗：中长，开花时向下，呈照水状。花心：正常。花芳香沁人。

5. 玉台照水梅

树冠：扁圆形。枝干：紫灰褐色，树皮略有纵耶纹，皮孔中多，中大，略凸；大枝斜出及直上，紫灰褐色；小枝直上、斜出及横伸，生长势中等，淡灰绿，中粗至细；枝刺中多，生长势中等。花蕾：扁圆，而略尖，乳白。

花期：3 月上中旬。着花状况：多 1 朵着生于中、短花枝、枝刺及束花枝上，中密。花色：雪白。花径：2 ～ 3.2cm。花态：浅碗形，层层疏叠，花态整正。花梗：长 0.5 ～ 0.7cm。花心：多台阁或台阁状。

6. 徽州檀香梅

树冠：扁圆倒卵形。枝干：主干紫褐色，皮孔极少，有少量纵驳纹；大枝直上及斜出，小枝直上、斜出及横伸，粗至中粗，淡灰绿，枝刺多，年生长量中等。着花状况：多单朵着生于短花枝，少数于束花枝上。

花期：2月下旬至3月上旬。花径：2.4～2.9cm。花蕾：倒卵形，顶略尖，中心无孔，乳白而洒极淡水红晕。花态：碟形，花瓣3层或更多，层层疏叠，内有碎瓣起伏飞舞。花色：正面乳白，反面乳白而洒极浅紫。花梗：短。花心：正常。檀香梅原主栽于安徽歙县（徽州）。

（四）黄香品种群，共有7个品种；子午梅苑选择2个品种，分别是：

1. 台阁绿萼（黄香）梅

树冠：扁圆形。树干紫褐色，皮孔极少。枝干：大枝直上或斜出，青绿色，节间短，较粗。着花状况：单花或并生各类花枝上。

花期：3月上中旬。花径：中大，2.8～3.6cm。花蕾：圆桃形，米黄，无孔。花态：碟形，层层疏叠，平展。花色：正反面均极浅黄。花梗：中长，约0.4～0.8cm。花心：台阁或台阁状。花有浓香，为稀有品种。

2. 单瓣黄香梅

树冠：扁圆形。枝干：干直立，黄褐色，有细纵驳纹；大枝斜出，色同干；小枝灰绿，中粗，直上及斜出；生长势强。着花状况：极繁密，1～2朵着生于各类花枝上。

花期：2月下旬至3月中旬。花径：1.9～2.6cm。花蕾：倒卵形，淡乳黄，中心多无孔，少数有孔，柱头外露，有时略洒淡肉红晕。花态：碟形。花色：正面极浅黄，反面极浅橙黄。花梗：短。花心：正常。

（五）绿萼品种群，共有21个品种；子午梅苑选择7个品种，分别是：

1. 变绿萼梅

树冠：不正扁圆形。枝干：干灰褐色，有少量纵驳纹，皮孔少；大枝直上或斜出；小枝斜出，青绿色，中粗，生长势中等。着花状况：中密，单朵着生于中、长花枝上。

花期：2月上旬至中旬。花径：2.4～3cm。花蕾：扁圆形，中心多有孔，极淡黄绿色。花态：浅碗形至近碟形。花色：正面绿白色至极浅绿黄，反面同正面。花心：正常。花有芳香，适做切花用。

2. 小绿萼梅

树冠：倒卵状圆形。枝干：干紫黑褐，皮孔极少；大枝直上及斜出；小枝多斜出及横伸，中粗，淡绿，年生长量中等。着花状况：繁密，1～2朵（偶3朵）着生于中、短花枝及束花枝上，偶在长枝上。

花期：2月下旬至3月上旬。花径：2.2～3.1cm。花蕾：卵形至扁圆形，顶尖或平，中心有孔或无孔，淡乳黄色。花态：浅碗形，外缘整齐，略内扣，花瓣层层紧叠，内瓣微波状。花色：正反面均乳白色。花梗：短。花心：正常。适应性强，适合做切花。花甜香，结实。

3. 二绿萼梅

树冠：扁圆形，开展。树干紫褐色，皮孔少。枝干：大枝横展及斜出；小枝斜出或直上，中粗，淡绿。着花状况：中密，1～2朵着生于短花枝和束花枝上，少数于中花枝和长花枝上。

花期：2月下旬至3月中旬。花径：2.3～3.3cm。花蕾：扁圆形，中心少数有孔，柱头外露或不露，顶平，淡乳黄。花态：略碗状，花瓣3～4层，各层疏叠，边缘常有1～2处向内扣缩。花色：

正反面均乳白色。花梗：短。花心：正常。花甜香，结实。花较大，花色淡雅，系成都传统良种。

4. 长蕊变绿萼梅

树冠：不正倒卵形。枝干：干紫褐色；大、小枝直上或斜出；小枝灰绿色、中粗；生长势中等。着花状况：单朵生于中、短花枝及束花枝上。

花期：1月下旬至2月上旬。花径：2.2～2.8cm。花蕾：不正扁圆形，中心有孔，淡米黄色。花态：不正碟形，层层疏叠，瓣缘有起伏。花色：正、反面均为白色至极浅绿黄。花梗：短。花心：正常。花有甜香，重瓣性强而萼多。为清丽馥郁之奇品。

5. 复瓣绿萼梅

树冠：不正卵圆形。枝干：老枝及枯干灰褐色，皮孔小而密；小枝直上及斜出，淡暗绿。着花状况：1～2朵着生于中、短花枝上，个别生长在束花枝上。着花繁密，常成簇状。

花期：2月下旬至3月上旬。花径：2.1～2.8 cm。花蕾：倒卵形至球形，淡乳黄。花态：碟形。花色：正反面均白色。花梗：短。花心：正常。花有清香。

6. 金钱绿萼梅

树冠：扁圆形。枝干：大枝斜出，皮孔多，中大；小枝多斜出或直上，较粗，淡暗绿，年生长量大。着花状况：1～2朵疏生于短花枝和束花枝上，少数生于其他花枝上。

花期：晚，3月下旬始开。花径：3.4～3.6cm。花蕾：五角状扁圆，中孔显著，柱头外露较多，淡米黄。花态：碟形，近平展，外瓣参差相叠，内瓣略皱褶起伏，全花轮廓不甚整齐。花色：正面乳白，反面极浅之黄绿。花梗：中长。花心：正常。花有浓香，偶结实。花特大，瓣特重，系优良品种。

7. 紫蒂白照水梅

树冠：不正圆球形，常呈开张状。枝干：紫灰褐，直上或斜出，皮孔少，纵驳纹少；大枝直上及斜出，色同干，小枝淡绿至灰绿。着花状况：单朵着生于各类花枝上。

花期：3月上旬至中旬。花蕾：多扁圆或近球形，多无中孔，个别柱头外露，乳黄，顶洒红晕。花态：碟形，层层疏叠，起伏飞舞，盛开后翻。花色：正反面均为白色。花梗：中长。花心：多台阁状。

（六）朱砂品种群，共有60个品种；子午梅苑选择13个品种，分别是：

1. 江南朱砂梅

树冠：不正倒卵形。树干褐紫色，皮孔少。枝干：大枝斜出；小枝直上及斜出，中粗，淡暗绿，枝内新生木质部淡暗紫。着花状况：繁密，1～3朵着生于各类花枝上，节间短。

花期：2月上旬至下旬。花径：2.5～3.2cm。花蕾：卵状扁圆形，顶圆，中心无孔，深玫瑰紫红。花态：碟形，平展，瓣约4层，层层疏叠，或开时略向后翻。花色：正面淡堇紫，反面浓紫。花梗：短。花心：正常。花有浓香，不结实。

2. 白须朱砂梅

树冠：开张之扁圆形。树干皮孔少。枝干：干灰褐紫；大枝开展，小枝短粗，淡灰暗绿，半边洒紫红晕，枝内新生木质部暗红。着花状况：繁密，1～3朵，少数4朵着生于中、短花枝上，节间短。

花期：2月下旬至3月中旬。花径：2.1～3cm。花蕾：扁圆，中心有孔，个别柱头外露，紫红。花态：碟形，花瓣4层或以上，层层紧叠，瓣多波皱起伏。花色：正面淡紫，反面浓紫。花梗：短。花心：正常，偶为台阁状。花有浓香。

3. 粉红朱砂梅

树冠：倒卵形，不开展，树势弱，发枝少。枝干：大枝直，或斜出，暗紫灰色；小枝直上或斜出，暗黄绿色，枝内新生木质部淡暗紫色。着花状况：1～2朵，略稀。

花期：3月上旬及中旬。花径：2.4～3cm。花蕾：圆形，暗玫红。花态：平展，盛开略向后翻。花色：正面极浅至淡堇紫，反面淡堇紫。花梗：中长；雄蕊略长于花瓣，先散后聚。花心：正常。

4. 皱皮朱砂梅

树冠：卵状扁圆球形。枝干：干灰黑色，纵驳纹深，皮孔中密；大枝斜出、直上及横伸，暗灰色；小枝直上、斜出及横伸，暗绿，微洒褐点；枝内新生木质部暗红。着花状况：1～2朵着生于各类花枝上，较繁密。

花期：2月下旬至3月中旬。花蕾：倒卵状扁圆或卵状扁圆，顶平或略尖，紫红色，无孔，罕有孔。花态：碟形，盛开外翻，内有碎片婆娑飞舞。花色：反面浓紫，正面比反面略淡。花梗：中长。花心：正常或空心。

5. 透骨红大朱砂梅

树冠：倒卵形至扁圆形。树干褐紫色，皮孔少。枝干：大枝斜出，小枝直上或斜出，中粗，淡灰绿，半边洒古铜晕，树势较强，年生长量大，枝内新生木质部淡暗紫色。着花状况：繁密，1～2朵生于各类花枝上。

花期：2月中旬至3月中旬。花径：2.8～3.2cm。花蕾：卵状扁圆形，中心无孔，深粉色。花态：碟形，略内扣，盛开时平展。花色：正面淡堇紫，反面浓堇紫。花梗：短。花心：正常。花淡香，极少量结果。

6. 单瓣朱砂梅

树冠：不正扁圆形。枝干：干灰褐紫，有纵驳纹，大枝直上与斜出，色同干；小枝直上、斜出及横伸，淡暗灰绿，细；枝内新生木质部淡暗紫，生长势中等至略弱。着花状况：繁密，1～2朵着生于各类花枝上。

花期：3月上中旬。花径：1.9～2.4cm。花蕾：倒卵形，玫瑰紫红，无中孔。花态：浅碗形至平展。花色：正面淡至浓堇紫，反面淡堇紫。花心：正常。

7. 千瓣朱砂梅

树冠：不正倒卵形。枝干：干灰褐色，皮孔少；大枝、小枝斜出或横伸，暗绿色，枝内新生木质部淡暗紫。着花状况：中密，1～2朵着生于各类花枝上。

花期：2月中旬。花径：2.5cm。花蕾：扁圆形，中心有孔，紫红色。花态：碗形，边缘2～3处向内扣缩。花色：正面浓至淡堇紫，反面浓堇紫。花梗：中至短。花心：正常。花香，系良种。

8. 水朱砂梅

树冠：卵圆形。枝干：大枝横伸及斜出；小枝直上，细弱，淡暗灰绿，新生木质部淡暗紫。着花状况：中密至繁密，多单朵着生于中、短花枝上，少数1～3朵生长于其他花枝上。

花期：2月中旬至3月上旬。花径：2.2～2.6cm。花蕾：近扁圆，顶平或略尖，中心多无孔，玫瑰红。花态：碟形，平展，花瓣3层或更多，层层紧叠，盛开时向后反曲，内轮碎瓣婆娑飞舞。花色：正面淡堇紫，反面比浓紫更深，瓣色不匀。花梗：中长。花心：正常。花甜香，不结实。

9. 乌羽玉梅

树冠：不正倒卵形。枝干：干紫灰褐，皮孔极少；大、小枝斜出或直上；小枝粗壮，淡灰绿，大部为褐紫晕所掩，枝内新生木质部淡暗紫色。着花状况：中密，1～2朵着生于长、中花枝上，少数于短花枝上。

花期：3 月上旬至下旬。花径：1.7 ~ 2.4cm。花蕾：略扁圆，中心有孔或无孔，深暗紫红色，有绒状感。花态：碟形，花瓣 4 层，层层疏叠，外瓣略后翻，内瓣略内扣，起伏飞舞。花色：正面浓紫，反面墨紫。花梗：中长。花心：正常。

10. 红须朱砂梅

树冠：扁圆形。枝干：干皮孔较少；干灰褐色，大枝直上或斜出；小枝直上或斜出，灰暗绿色，枝内新生木质淡暗紫；生长势中。着花状况：单朵着生于各类花枝上，中密。

花期：2 月上旬至中旬。花径：1.9 ~ 3.1cm。花蕾：小时扁圆，大时近圆，中心有孔，深玫瑰紫红色。花态：碟形，层层疏叠，有时碎瓣飞舞，外瓣向后翻。花色：正面浓紫，反面比浓紫更深。花梗：极短。花心：正常。花有甜香，花瓣多。

11. 舞朱砂梅

树冠：倒卵形。枝干：干皮孔中多，有纵驳纹；大枝、干灰褐紫，斜出或直上；小枝直上及斜出，淡黄绿，半边洒古铜晕，略细，年生长量中，枝内新生木质部淡暗紫，枝刺少。着花状况：多单朵，少数 2 朵着生于长花枝上。

花期：3 月中旬。花径：2.1 ~ 3.3cm。花蕾：扁圆，顶平截，中心有孔，深紫红。花态：碟形，外瓣向后反曲，内部常有碎瓣，大瓣瓣边及碎瓣起伏飞舞，婆娑多姿。花色：正面浓紫，反面比正面更浓。花梗：中长。花心：正常。

12. 台阁朱砂梅

树冠：倒卵形。枝干：干灰紫褐色，皮孔显著；大枝直上及斜出；小枝斜出及横伸，细，淡暗绿色，枝内新生木质部淡暗紫，生长势略弱。着花状况：单朵着生于短、中、长及束花枝上，稀疏至中密。

花期：2 月上旬至中旬。花径：1.8 ~ 2.3cm。花蕾：扁圆，中心有大孔，深紫红色。花态：浅碗形，层层疏叠，外瓣较小，盛开时向后翻。花色：正面淡至浓堇紫，反面比浓堇紫更浓。花梗：中长至长。花心：台阁状。花有浓香。系成都传统良种。

13. 多萼朱砂梅

树冠：扁圆形至圆形。枝干：干灰褐色，皮孔极少；大枝斜出，少数横伸；小枝横伸或斜出，略细，新生木质部红色。着花状况：1～3朵着生于中、短花枝上。

花期：2月下旬至3月中旬。花径：2.3～3.2cm。花蕾：略扁圆，中心有孔，玫瑰紫红。花态：碟形。花瓣：5～7层，层层疏叠。花色：正面浓红紫，反面浓紫。花梗：短。花心：正常。花有清香，系重庆地方品种。

（七）跳枝品种群，共有8个品种；子午梅苑选择3个品种，分别是：

1. 复瓣跳枝梅

树冠：倒三角形。枝干：干紫褐灰，有不规则纵驳纹，皮孔密，中小；大枝直上、斜出及横伸；小枝直上及斜出，淡灰绿，常洒古铜晕斑；枝刺少，年生长量中等。着花状况：繁密，1～3朵着生长于中、短花枝上，部分长于花枝上，少数长于束花枝上。

花期：3月中上旬。花径：2.1～3.1cm。花蕾：倒卵形，乳白，顶肉红，有的为桃红，亦有其色各半者，顶圆无孔，偶有孔。花态：碟型，瓣层疏叠，盛开时外瓣略后翻，内瓣略内扣，内轮变瓣飞舞。花色：正反面以白为主，有的正面粉红或半边粉红及白色而洒粉红条纹、斑点，反面比正面稍淡。花梗：短至中长。花心：正常，个别为台阁状。

2. 晚跳枝梅

树冠：杯状开张扁圆形。枝干：干褐灰，有不规则纵驳纹，多直上，部分斜出，皮孔中多、中大；大枝直上及斜出，色同干；小枝灰绿，半边洒古铜晕，中粗；生长势中强。着花状况：繁密，多1朵，少数2～3朵着生于各类花枝上。

花期：3月下旬。花径：2.1～2.6cm。花蕾：倒卵形，顶圆，多淡肉粉，色不匀，中心无孔。花态：碟形，约3层疏叠，较整正。花色：正面白或全极淡堇紫，或有条、纹、斑，反面淡至淡堇紫，比正面略深。花梗：短。花心：正常。

3. 小跳枝梅

树冠：不正扁圆形。枝干：干紫灰褐，有不规则纵驳纹；大枝斜出及直上；小枝略细，直上、斜出及横伸，淡暗灰绿。着花状况：较繁密，节间短。

花期：2月下旬至3月中旬。花径：1.9～2.3cm。花蕾：倒卵形，中心无孔，肉红，色不匀，顶平截。花态：浅碗形至碟形，层层疏叠，较为整齐。花色：正面比极浅红紫更淡，反面极浅红紫，个别全红。花梗：短。花心：正常。

（八）龙游品种群，仅有1个品种；子午梅苑选择1个品种：

龙游梅

树冠：散曲自然，宛若游龙。枝干：大、小枝扭曲，直上及斜出；无枝刺；小枝淡绿，半边洒暗灰紫褐晕斑。着花状况：1～2朵，个别3朵着生于中、短及束花枝上，少数于长枝上，中密。

花期：1月底至2月中旬。花径：2.3～2.9cm。花蕾：倒卵状扁圆，中心常有孔，极浅肉红。花态：碟形，较平展，花瓣4层，层层疏叠。花色：正反面均乳白。花梗：短。花心：空心或正常。枝姿奇特，花具甜香，系奇品。

（九）垂枝品种群，共有18个品种；子午梅苑选择2个品种，分别是：

1. 锦红垂枝梅

树冠：伞形。枝干：灰褐，皮孔少；大枝直上、横伸及斜出，灰褐；小枝横伸或斜出后下垂，中粗至中细，灰绿，半边略洒古铜晕，枝内新生木质部极淡暗紫。着花状况：中密，1～2朵着生于各类花枝上。

花期：2月下旬至3月上旬。花径：2.3～2.6cm。花蕾：卵状扁圆，深紫红，中心无孔。花态：碟形，层层疏叠，有时有雄蕊变瓣。花色：正面浓紫，反面略暗浓紫。花梗：中长。花心：正常。

2. 锦生垂枝梅

树冠：垂伞形，大枝斜伸，小枝横生然后下垂，新生木质部为淡暗紫色。着花状况：花单生，柄中长，以长枝开花为主。

花期：2月下旬至3月上旬。花径：0.2～0.26cm。花态：花瓣15～24片，圆形至略长圆形，重瓣。花色：正面背面均为紫红色，背面色更浓。

（十）杏梅品种群，共有12个品种；子午梅苑选择个3个品种，分别是：

1. 丰后梅

树冠：扁圆开张。枝干：干红褐色，皮孔中多，中大；大、小枝直上及斜出，小枝灰绿，多为古铜紫褐晕所掩，似杏，特粗壮。着花状况：1～2朵着生于中、短及束花枝上，而以2朵者为多。

花期：2月下旬至3月下旬。花径：3.1～4cm。花蕾：卵圆形，顶尖，中心无孔，深桃红。花态：浅碗形，花瓣3～4片，外瓣略后翻，内瓣略内扣，顶端波折起伏。花色：正面近白色至极浅堇紫，反面极浅堇紫。花梗：中长而粗。花心：常退化。

2. 淡丰后梅

树冠：扁圆开张。枝干：干呈红褐色，皮孔中多，中大；大、小枝直上及斜出；小枝特粗壮，灰绿，多为古铜紫褐晕所掩，似杏。着花状况：1 ～ 2 朵着生于中、短及束花枝上。

花期：2 月下旬至 3 月下旬。花径：3.1 ～ 4cm。花蕾：卵圆形，顶尖，中心无孔，粉红色。花态：浅碗形，外瓣略后翻，内瓣略内扣。花色：正面近于白色，反面极浅粉红。花梗：中长。花心：正常。被丝托肿大。花无香味，易结实。

3. 送春梅

树冠：倒卵状长圆形。枝干：干灰褐，似桃干，皮孔粗大突出；大枝直上；小枝直上及斜出，中粗，淡灰古铜绛紫，似杏，年生长量中等。着花状况：繁密，1 ～ 2 朵着生于中花枝上，少数生于长花枝及束花枝上。

花期：3 月中旬至 4 月上旬。花径：3.9 ～ 4.1cm。花蕾：略扁卵形至略扁之圆，顶尖或平，中心无孔，玫瑰桃粉红。花态：浅碗状（典型），花瓣不整齐，基部常皱襞，全花瓣多皱，向内扣缩，花瓣层层疏叠，内有碎瓣婆娑飞舞。花色：正反面均淡堇紫，正面比之略浅。花梗：中长。花心：正常。花无香味，罕结实。

（十一）美人（樱李梅）品种群，共有 4 个品种；子午梅苑选择 3 个品种，分别是：

1. 美人梅

树冠：不正形。枝干：干灰褐紫；大枝直上或斜出，灰褐紫；小枝直上及斜出，灰暗褐紫色。着花状况：繁密，1 ～ 2 朵着生于长、中及短花枝上。

花期：晚，3月下旬至4月上旬。花径：2.9～3.4cm。花蕾：倒卵状椭圆形，顶圆，无中孔，淡紫粉红，具紫长梗，常略下垂。花态：近碟形，瓣层层疏叠，瓣边起伏飞舞，花心常有碎瓣，婆娑多姿。花色：正面极浅紫至淡紫；反面略深；不论正面或反面，花心均较深。花梗：长0.5～1cm，紫红。花心：正常。花、叶同发，似红叶李。花有香味，较红叶李花味略浓。花、叶俱美，有时结果。果皮鲜红，梅肉可鲜食。抗寒－30℃。

2. 小美人梅

树冠：不正长倒卵形。枝干：干灰黄褐，较光滑，少驳纹，皮孔不明显；大枝直上及斜出，灰黄褐色；小枝灰紫褐，略细；生长势中。着花状况：繁密，1～2朵着生于各类花枝上，而以长枝为多。

花期：3月下旬至4月上旬。花径：2.2～2.6cm。花蕾：粉红，倒卵形，中心无孔。花态：浅碗形至碟形。盛开时外瓣略后翻，中心有碎瓣，常扭曲不整。花色：正、反面均极淡紫堇。花梗：长。花散发杏花之香味。花叶同发。

3. 俏美人梅

树冠：不正之近扁球形。枝干：干紫灰褐，皮孔小而疏；大枝直立及斜出，色同干；小枝直上及斜出，灰紫褐色，略细，生长势中。着花状况：极繁密，1～2朵着生于各类花枝上，而以长花枝为多。

花期：3月下旬至4月上旬。花径：2.5～3.2 cm。花蕾：倒卵形，中孔不显。花态：碟状碗形，层层疏叠，常略内扣，中心有碎瓣。花色：正面淡紫堇，反面淡紫堇至淡堇。花径较小而瓣大，色略淡，更繁密。花梗：长0.6～1.6cm，平伸至略垂。花心：常退化，较小。由美人梅中分离而出，花径较小而瓣大，色略淡。

参考文献

[1] 陈俊愉 . 中国梅花品种图志 [M]. 北京：中国林业出版社，2010.
[2] 范成大，刘向培 . 范村梅谱 [M]. 上海：上海书店出版社，2019.
[3] 程杰 . 中国梅花名胜考 [M]. 北京：中华书局，2014.
[4] 宋伯仁 . 梅花喜神谱 [M]. 杭州：西泠出版社，2018.
[5] 魏明果 . 梅文化与梅花艺术欣赏 [M]. 武汉：武汉大学出版社，2008.
[6] 程杰 . 宋代咏梅文学研究 [M]. 合肥：安徽文艺出版社，2002.
[7] 晏晓兰 . 中国梅花栽培与鉴赏 [M]. 北京：金盾出版社，2002.
[8] 陈俊愉，赵守边 . 梅花与园林 [M]. 北京：北京科学技术出版社，1988.
[9] 褚孟嫄 . 中国果树志·梅卷 [M]. 北京：中国林业出版社，1999.
[10] 程杰 . 梅文化论丛 [M]. 北京：中华书局，2007.
[11] 陈俊愉 . 中国梅花 [M]. 海口：海南出版社，1996.
[12] 张建军，周延 . 踏雪寻梅——中国梅文化探寻 [M]. 济南：齐鲁书社，2010.
[13] 褚孟嫄，刘士华 . 梅子的栽培 [M]. 南京：江苏科学技术出版社，1987.
[14] 张艳芳 . 梅花栽培、造型及欣赏 [M]. 合肥：安徽科学技术出版社，1999.
[15] 程杰 . 中国梅花审美文化研究 [M]. 成都：巴蜀书社，2008.
[16] 逯钦立 . 先秦汉魏晋南北朝诗 [M]. 北京：中华书局，2017.